Handlesen
leicht gemacht

Der schnelle
Charakterspiegel

Carmen Schüle

//////////////////////// SILBERSCHNUR ////////////////////////

© Verlag »Die Silberschnur« GmbH

ISBN 3-931 652-46-7

1. Auflage 1999
2. Auflage 2002

Gestaltung: dtp XPresentation, Boppard
Druck: Finidr, s.r.o.

Verlag »Die Silberschnur« GmbH · Steinstraße 1 · D-56593 Güllesheim

www.silberschnur.de
e-mail: info@silberschnur.de

Inhaltsübersicht

Danksagung

Ganz besonders danke ich meinem lieben Mann Gerhard, der mich immer auf meinem Weg unterstützt und einiges zum Entstehen dieses Nachschlagewerkes beigetragen hat und meinen zwei kleinen Töchterchen Magdalena und Geraldine, die mir auf liebenswerte Weise immer wieder Zeit gaben, dieses Buch zu vollenden. Danken möchte ich meinen Eltern, die mich von Anfang an zu meiner Arbeit als Chirologin ermutigt haben. Auch meinem Verleger, Herrn Manfred Huber, und seinen Mitarbeitern möchte ich für ihre menschliche Art, mit Autoren umzugehen, an dieser Stelle danken.

Carmen Schüle

Vorwort

Ich habe Carmen immer als engagierten Menschen erlebt, ob früher als Chefsekretärin oder später als Betriebswirtin in der Erwachsenenbildung. Sie war immer auf der Suche, Menschen auf ganz persönliche Weise näher zu kommen. In ihren Beratungen als Handleserin fand sie das, wonach sie immer suchte.

Carmen ist ein Büchermensch. Sie ärgerte sich oft über den unübersichtlichen Aufbau der Handlesebücher, die sie nun seit fast 10 Jahren studiert, und so entstand das Buch, welches Sie jetzt vorliegen haben. Es ist speziell für Anfänger gedacht und hat auch mir als Laien auf leichte Art den Zugang zur Chirologie eröffnet.
Ich wünsche meiner Frau Carmen mit ihrer Arbeit weiterhin viel Glück und Erfolg.

Gerhard Schüle

Einleitung

Auf den geschichtlichen Hintergrund und wie die Handlesekunst erklärbar ist, habe ich in diesem Buch bewußt verzichtet.

Wenn ich als Beraterin bei meiner Arbeit auf eine Linie stieß, die ich nicht im Kopf hatte, ging das Suchen in den sehr oft unübersichtlich gehaltenen Handlesebüchern los. So entstand dieses Buch, das als Nachschlagewerk gedacht ist. Mir war wichtig, daß Sie schnell die jeweils gesuchte Linie, das Zeichen oder den Berg auffinden können.

Wie arbeite ich als Handleserin?

Mein Grundwerkzeug ist die Aussagekraft der Handform, Linien, Zeichen und Berge, so wie Sie diese im vorliegenden Buch finden. Aber es ist wie mit jedem Handwerk: Das Wissen um die Technik macht noch lange keine gute Handleserin. Man muß lernen, sich auf die Linien einzustimmen, das „Liniengewebe" zu erfassen.

Nach dem Ersteindruck der Hände lasse ich die Linien ein paar Minuten auf mich wirken, spüre den Unterschieden zwischen linker und rechter Hand nach. Ganz wichtig dabei ist, zu sehen, ob einzelne Linien kräftiger, zarter oder zerstückelter sind. Gibt es dominante oder gar fehlende Linien? Nebenlinien, wozu auch die Schicksalslinie gehört, können sich

Einleitung

intensivieren, verlängern oder auflösen. Hauptlinien verändern ihre Grundstruktur nicht. Das ist damit erklärbar, daß niemand über seinen Schatten springen kann. Wo beginnen die Linien, wo enden sie, welche Linien sind miteinander verbunden? Zu einer guten Handleserin gehört auch Intuition und ein hohes Einfühlungsvermögen, sowohl in die Linien, als auch in den Menschen. Ein psychologisches Grundwissen darf nicht fehlen. Mir ist es sehr wichtig, den Ratsuchenden zu zeigen, wo sie gerade stehen, mit welchen Glaubenssätzen sie behaftet sind. Die Hände zeigen mir dann, wie sie ihren Weg gehen können.

Sie sollten von Zeit zu Zeit Handabdrücke zur Kontrolle machen, um zu sehen, ob sich vor allem Nebenlinien verändert haben. Die Hauptlinien zeigen die Grundeigenschaften an, an den Nebenlinien, Inseln, Schnittlinien und Brüchen lassen sich die Veränderungen im Leben ablesen.

Handabdrücke lassen sich am besten mit schwarzer Linolfarbe machen, die man auf eine Glasplatte aufträgt. Bringen Sie die Farbe auf eine Linolrolle, indem Sie mehrmals mit der Rolle über die Farbe auf der Glasplatte rollen und anschließend auf Ihre Hand rollen. Drücken Sie dann rasch die Hand auf ein weißes Blatt Papier. Unter das Papier sollten sie eine weiche Unterlage legen. Es sind meist mehrere Versuche nötig, bis Sie ein zufriedenstellendes

Einleitung

Ergebnis bekommen. Versehen Sie die Handabdrücke mit ihrem Namen und Datum, heben Sie diese gut auf und vergleichen Sie die Abdrücke ca. zweimal im Jahr.

Sie können das vorliegende Buch als Einstieg benutzen und sich nach und nach mit den Linien vertraut machen, um nachzuspüren, ob Sie sich eingehender mit dem Thema befassen möchten. Dies Buch ist aber auch für all jene gedacht, die sich schon gut mit Handlinien auskennen und immer mal wieder zur Vertiefung und Erinnerung nachschlagen wollen. Ich weiß heute nach jahrelangem Studium vieler Hände, daß die Linien nie lügen und ich mich hundertprozentig auf ihre Aussagekraft verlassen kann. Es bedarf allerdings manches Mal unterschiedlicher Vorgehensweisen, wie ich die gefundene Aussage dem Ratsuchenden verständlich mache. Aber auch hier gibt die Hand immer Hinweise, ob mein Gegenüber verschlossen, offen, bewußt oder unbewußt lebt, und entsprechend gehe ich bei einer Analyse vor. Das alles bedarf langer und intensiver Übung, doch die Grundlage hierzu finden Sie im vorliegenden Buch. Ich wünsche Ihnen viel Freude dabei.

Ihre Carmen Schüle

Allgemeines

Sie müssen immer beide Hände betrachten. Sie leben in Ihrem Leben einen Teil bewußt und einen Teil unbewußt. Sind die Linien in beiden Händen ähnlich, leben Sie gemäß Ihren Anlagen. Starke Unterschiede zeigen starke Spannungen. Sind die Linien in der rechten Hand (Rechtshänder!) harmonischer, finden Sie Wege, Ihr Leben sinnvoll zu gestalten. Ist die linke Hand harmonischer, leben Sie die Anlage zu wenig aus.

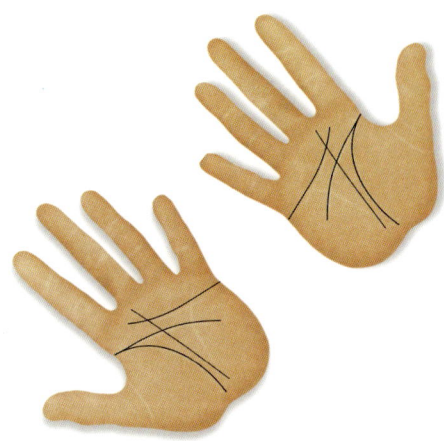

Allgemeines

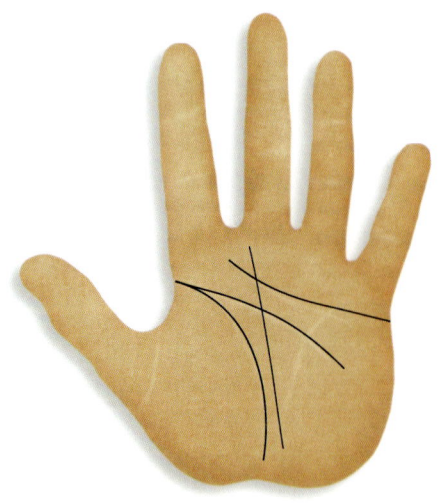

Bei Rechtshändern ist links die passive Hand. Sie finden hier die Seele, die Intuition, natürliche Begabungen, Eigentümlichkeiten und das Unbewußte. Alles, was Ihre Seele prägt. Es können sich hier auch Anlagen zeigen, die vorwiegend von weiblichen Verwandten oder Großeltern stammen. Rechts finden Sie das, was Sie aktiv bzw. bewußt leben.

Allgemeines

Wenn dies Ihre aktive Hand ist (Rechtshänder), zeigt sie auch Ihr aktives Leben, Ihren derzeitigen Zustand, Ihr Ich – also Ihre logische rationale Seite, die dem aktiven analytischen Leben zuzuordnen ist. In aller Regel ist die rechte Hand linienärmer (also seelenärmer, dafür realistischer) als die linke Hand. Sie zeigt, was sich im Laufe Ihres Lebens ausreift.

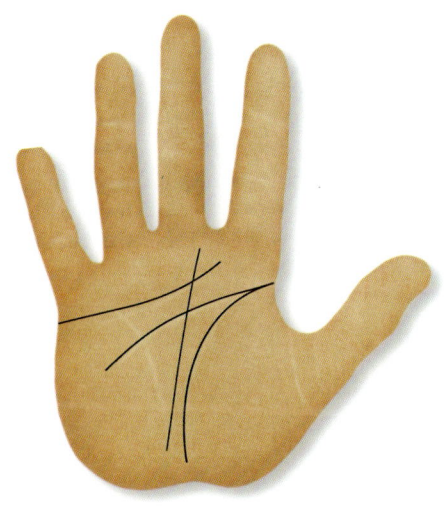

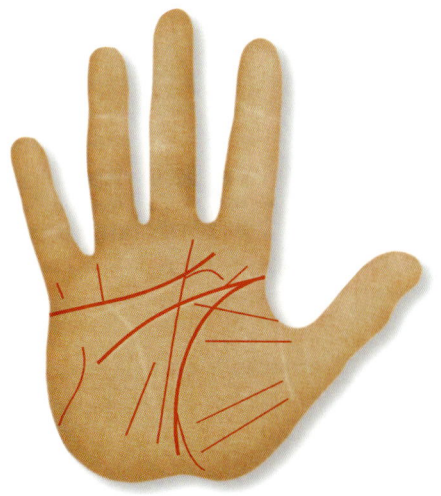

Je klarer die Linien, desto stabiler ist Ihr Nervensystem und umso ausgeglichener sind Ihre Empfindungen und Gefühle. Sie haben sich unter Kontrolle und können sich auf Ihre Arbeit konzentrieren. Sie tragen Ihre Gefühle nicht nach außen, was Sie manchmal eher verschlossen wirken läßt. Haben Sie kräftige Linien, verfügen Sie über eine robuste Gesundheit.

Der intellektuelle Teil wird stärker als der körperliche Teil gelebt. Sie leben Ihre Gefühlswelt mehr nach außen. Sie machen sich zu viele Sorgen und Gedanken. Je mehr Linien in der Hand, desto mehr unterliegt Ihr Seelenleben starken Schwankungen mit nervöser Spannung. Linien zeigen tendenziell in Richtung Finger: Auseinandersetzung möglich. Liegen Linien quer in der Hand: Zersplitterung. Gut für Sie wären Yoga, Atemübungen, Meditation.

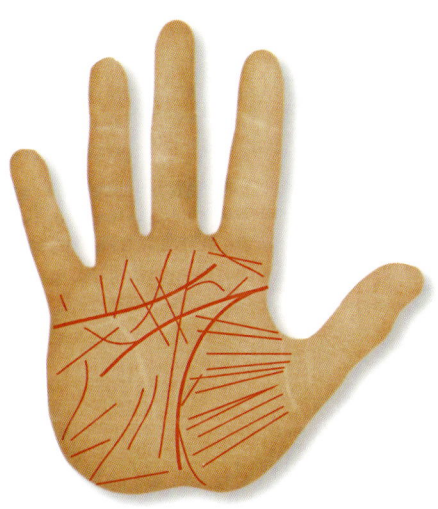

Allgemeines

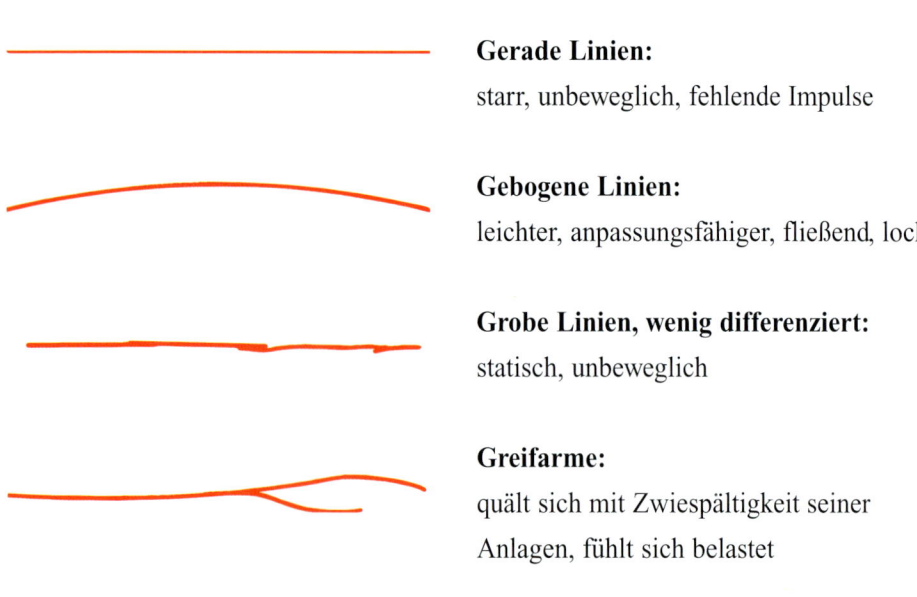

Gerade Linien:

starr, unbeweglich, fehlende Impulse

Gebogene Linien:

leichter, anpassungsfähiger, fließend, locker

Grobe Linien, wenig differenziert:

statisch, unbeweglich

Greifarme:

quält sich mit Zwiespältigkeit seiner
Anlagen, fühlt sich belastet

Die Grundaussage der betreffenden Linie verändert sich
entsprechend der darauf vorzufindenden Markierung bzw. dem Zeichen.
Beispiel: Eine Insel auf der Lebenslinie reduziert die Vitalität –
eine Insel auf der Kopflinie reduziert die geistige Kraft usw.

Punkte: begrenzte Periode der Schwäche, Streß

Inseln: Energieverlust, Reduzierung

Ketten: lang andauernde Belastung, Energieverlust

Schnittlinie: Hindernis, Widerstand, Widersprüche

Stern: Schock, aber auch intensiver werdende Energie

Bruch: Ende und Beginn einer neuen Phase

Allgemeines

Gut gepolsterte, elastische Hand: Widerstandsfähigkeit, leichte Genesung nach Krankheit

Dick, weich, teigige Berge: Energiemangel, Ungleichgewicht in der Schilddrüse

Harte, dicke Handteller: mangelnde Sensibilität, unterdrückte Gefühle

Dünne, zarte Handfläche: Anfälligkeit, begrenzte Energie, lebt von Reserven, braucht lange Genesungszeit

Hohle Handfläche: wenig Kraftreserven, fehlende Ausdauer

(Gedachte Linie auf Kopflinie)

Starker oberer Teil:

Denken, schreiben, lesen ist Ihr Leben. Sie hinterfragen und diskutieren gerne. Praktische Dinge interessieren Sie weniger. Sie werden eher Opfer von Umständen oder anderen Menschen.

Starker unterer Teil:

Sie gehen mit faßbaren handwerklichen Dingen um und arbeiten gerne im Freien. Sie hinterfragen wenig und nehmen die Dinge so, wie sie sind.

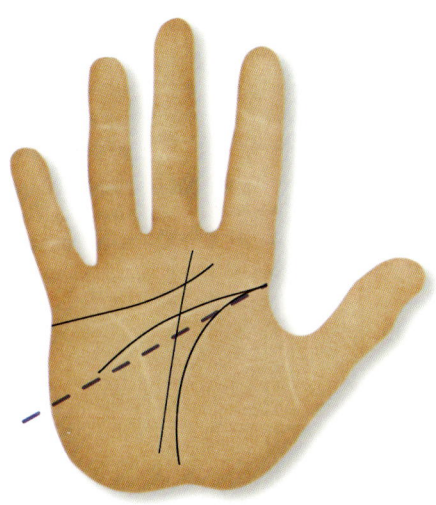

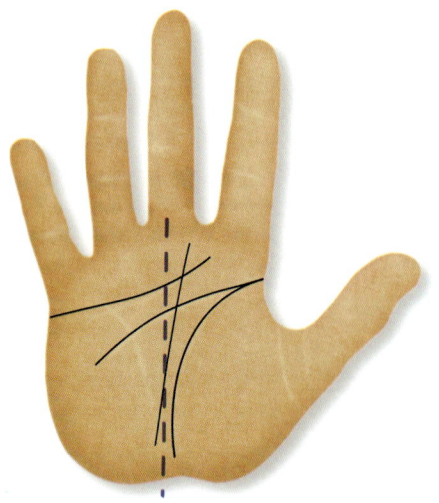

Mehr Du: (Fläche Handkante größer)

Große Anpassungsbereitschaft, Konflikte mögen Sie nicht, weil Sie den anderen brauchen. Sie haben mit Minderwertigkeitsgefühlen zu kämpfen, weil Sie sich den gebührenden Platz im Leben nicht nehmen.

Mehr Ich: (Fläche Daumenseite größer)

Sie sind selbstsicher, stark und wenig beeindruckbar. Sie besitzen Kraft und wissen sich einzusetzen. Wenig Einfühlungsvermögen, egozentrisch.

Handform
Erdhand

kurze Finger

Sie sind praktisch und rational veranlagt, fleißig, lieben körperliche Arbeit und bevorzugen ein geregeltes Leben. Sie halten sich gerne in der Natur auf und haben eine intensive Beziehung zu Tieren und Pflanzen. Traditionen und ein geregelter Tagesablauf sind Ihnen wichtig. Man kann sich auf Sie verlassen. Sie sind emotional und nervlich recht stabil. Ständig Neues mögen Sie nicht.

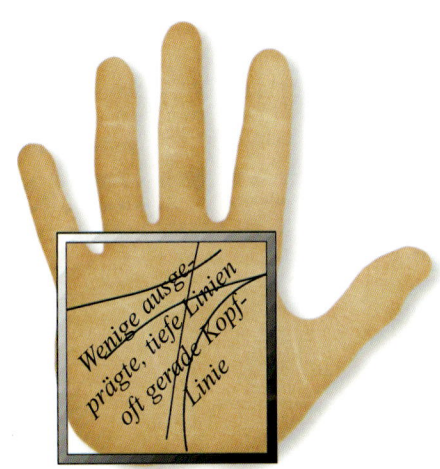

Wenige ausgeprägte, tiefe Linien oft gerade Kopf-Linie

quadratische Handfläche

Handform

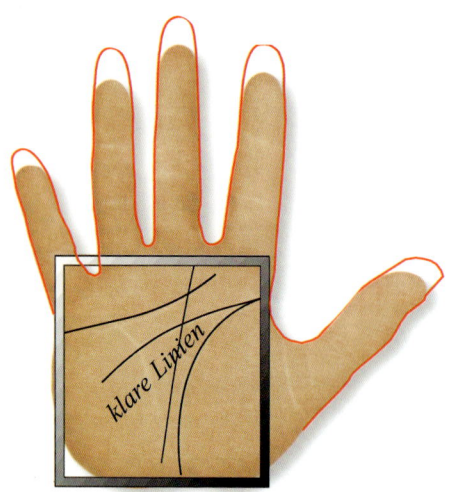

lange Finger

quadratische Handfläche

Bei Ihnen herrscht das Denken und die Kommunikation vor. Sie haben eine rasche Auffassungsgabe, und ihr Geist ist ständig in Bewegung. Sie haben eine ausgeprägte Wißbegierde, lesen, lernen und untersuchen viel. Sie wollen sich austauschen, sind gesprächig und freundlich. Sie langweilen sich schnell, wenn Sie keine geistigen Anregungen bekommen. Sie sind anfällig für geistige Erschöpfung.

Handform

eher kurze Finger

Sie stehen gerne im Mittelpunkt des Lebens. Sie sind mit Feuereifer dabei. Diese überschäumende Energie kann sich auch in sportlicher Betätigung zeigen. Sie können andere mitreißen, ermutigen und begeistern. Sie lieben ein abenteuerliches und aufregendes Leben. Es besteht die Gefahr, daß Sie Ihre körperliche Kraft überstrapazieren und Ihre Gesundheit gefährden.

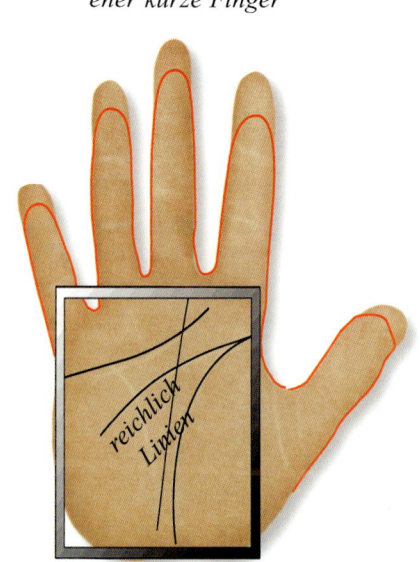

reichlich Linien

lange, rechteckige Handfläche

23

Handform

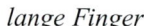
lange Finger

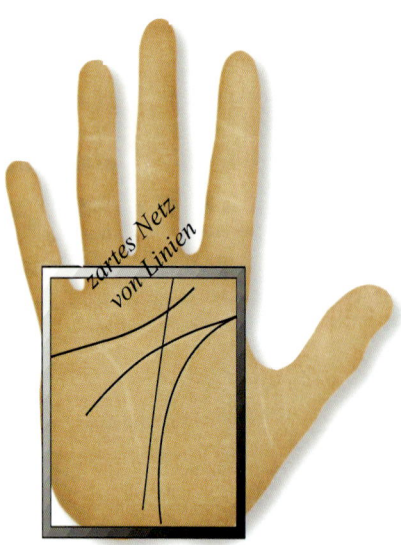

zartes Netz von Linien

lange, rechteckige Handfläche

Gefühl, Intuition und das Unterbewußte werden bei Ihnen groß geschrieben. Sie sind sehr feinfühlig, empfindsam, dadurch jedoch auch beeinflußbar. Sie lieben die Harmonie, elegante Kleidung und eine schöne Umgebung. Allerdings fehlt es Ihnen an Erdverbundenheit, was sich in zu wenig Realitätssinn und mangelndem Urteilsvermögen ausdrückt. Hektik ist Ihnen zuwider, Sie lieben es eher ruhig.

Handberge

Die Berge unter den Fingern sind oft verschoben oder miteinander verbunden. Ist dies der Fall, müssen Sie die Aussagen beider Berge miteinander kombinieren.

Häufige Zeichen auf Bergen:

Stern auf Jupiter, Merkur, Apollo:
    Glück und Erfolg

Stern auf Saturn, Mond und Reiselinie:
    Probleme, Gefahren

Kreuz und Gitter:
    Widerstand, Spannungen

Quadrat: *Schutzzeichen*

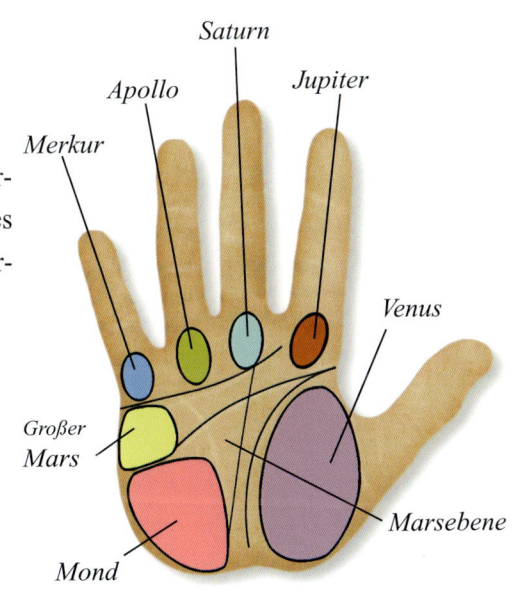

25

Handberge

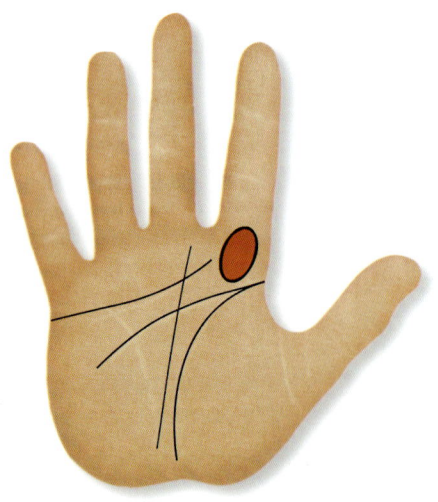

Der Jupiterberg steht für das Selbstwertgefühl und das Autoritätsverhalten.
Ihr Selbstbewußtsein und Ihre Strebsamkeit sind stabil und ausgeglichen. Sie sind heiter, gesellig und lieben die Natur. Die Wahrheit der Dinge ist Ihnen wichtig.

Kreuz auf dem Jupiterberg:
Zeigt eine lange, erfüllende Beziehung.
Viereck auf dem Jupiterberg:
Lehrerquadrat, guter Ausbilder.

Handberge

Sie könnten etwas mehr Selbstbewußtsein besitzen. Durch diese Unsicherheit wirken Sie verschlossen, und es entsteht das Mißverständnis, Sie seien ein unfreundlicher Mensch. Es fehlt der Antrieb, Dinge in die Tat umzusetzen. Sie sehen mehr, was Sie hindert, statt was Sie fördert.

Tip:
Gehen Sie mehr auf andere zu und harmonisieren Sie dadurch Ihr Leben. Strebertum liegt Ihnen nicht.

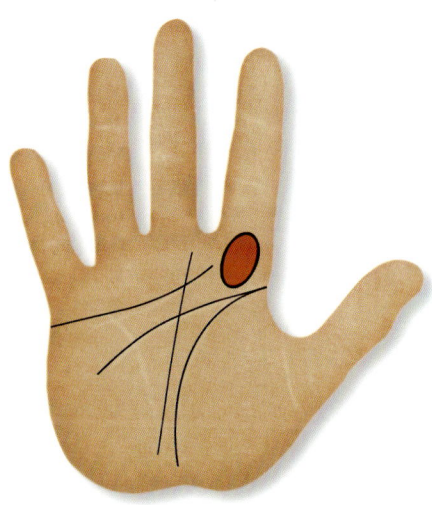

Handberge

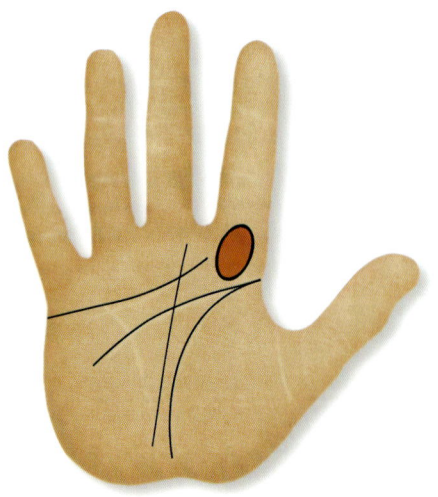

Sie herrschen gern, und Sie sind sehr ehrgeizig. Ihr Selbstbewußtsein ist übermäßig groß. Das kann Sie schnell zur Prahlerei verleiten.

Dreieck auf der Spitze:

>Sie haben viel Erfolg.

Viereck auf Jupiterberg:

>Schützt Sie vor zuviel
>Ehrgeiz und Kräfteverschleiß.

28

Handberge

Der Saturnberg steht für das Verantwortungsbewußtsein, Ernst, Plichtgefühl.
Sie sind geduldig, konzentrieren sich auf eine Arbeit, sind ausdauernd und gründlich.
Ein Gitter auf dem Saturnberg ist ein Schutzzeichen und schützt Sie vor persönlichem und finanziellem Mißgeschick. Andere Zeichen sind weniger positiv zu werten.

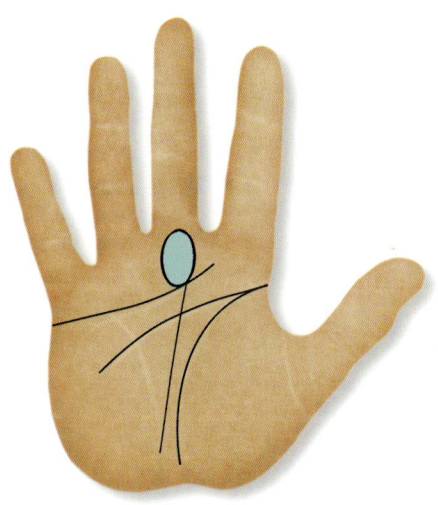

Handberge

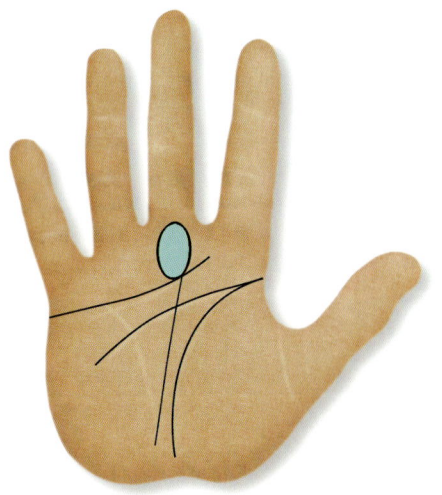

Sie sind kleinlich, ängstlich und grübeln viel. Dadurch haben Sie es schwer mit Ihren Mitmenschen und sind viel alleine.

Tip:

Finden Sie ein Gespür für den höheren Geist und die innere Weisheit in Ihnen. Sie gewinnen durch unmittelbare Erfahrungen, denen Sie sich immer wieder stellen müssen, mehr Selbstvertrauen.

Handberge

Der Apolloberg steht für Kreativität, Kunst und Gefühlsausdruck, inneres Selbst.
Apollo symbolisiert die Sonne, und Sie haben auch ein sonniges Gemüt. Sie besitzen Feingefühl, Güte, sind tolerant, haben Taktgefühl und eine Vorliebe für die künstlerischen Dinge. Idealismus steht vor Materialismus. Ein Dreieck auf dem Apolloberg symbolisiert Erfolg und Ruhm, mit dem Sie gut umzugehen wissen.

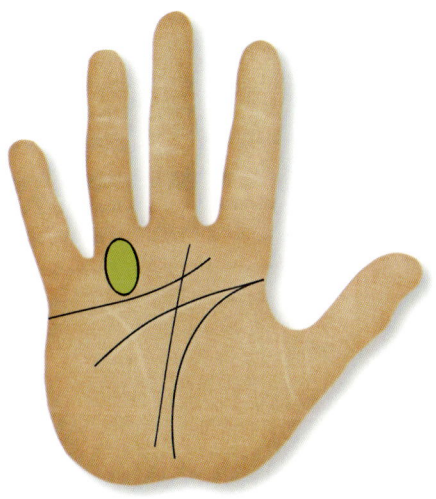

Handberge

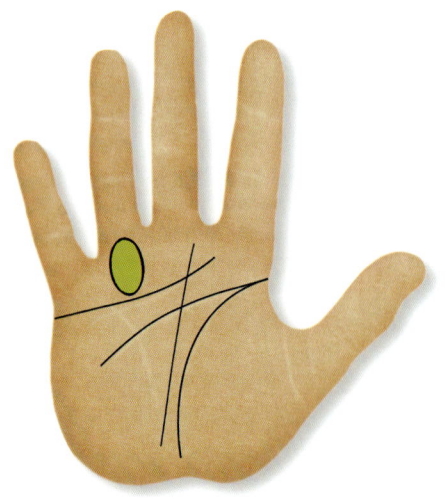

Sie geben Ihren Gefühlen zuwenig unmittelbaren Ausdruck. Sie unterdrücken diese eher. Durch Ihre Introvertiertheit behindern Sie oft die Beziehung zu einem Partner oder Ihren Mitmenschen. Kämpfen mit innerer Leere.

Tip:
Denken Sie daran, daß nicht alle Menschen genauso fühlen wie Sie und nicht alles „nachempfinden" können. Sie müssen sich unmittelbar äußern, wenn Sie richtig verstanden werden wollen.

Handberge

Es ist Ihnen wichtig, wer Sie sind und was Sie darstellen. Allerdings überschätzen Sie gerne Ihre Begabungen, geben ein bißchen damit an und sind eitel. Sie wollen Erfolg.

Tip:
Beobachten Sie sich und halten Sie sich beim nächsten Mal etwas zurück.

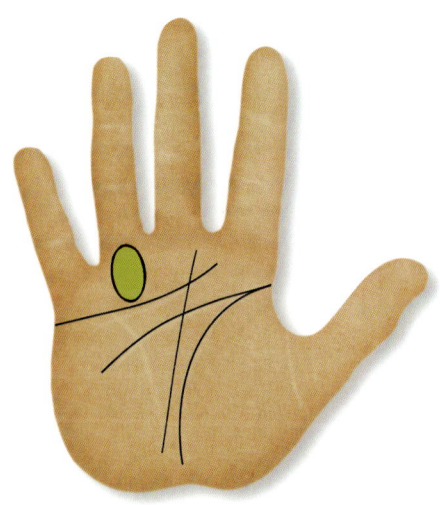

Handberge

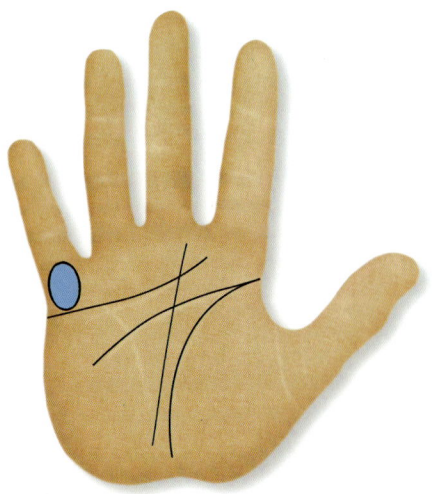

Der Merkurberg steht für die Kommunikation, das Denken und Handeln.
Geistig sehr beweglich.

Sie sind ein warmherziger, entgegenkommender und aufgeschlossener Mensch. Das Arbeiten macht Ihnen Spaß und Sie brauchen Kommunikation, geistige und intellektuelle Anregung.
Gute Pädagogen.

Handberge

Sie passen sich nicht gerne an. Andere Menschen interessieren Sie weniger. Es fehlt Ihnen an Unternehmungsgeist und Kommunikationsbereitschaft.

Tip:
Handeln und verändern kosten anfangs Kraft und Mühe. Fangen Sie einfach an.

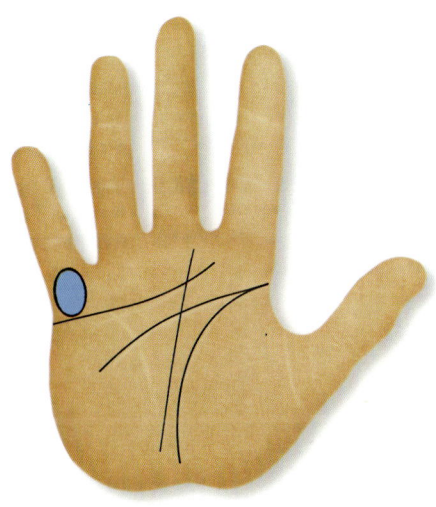

Handberge

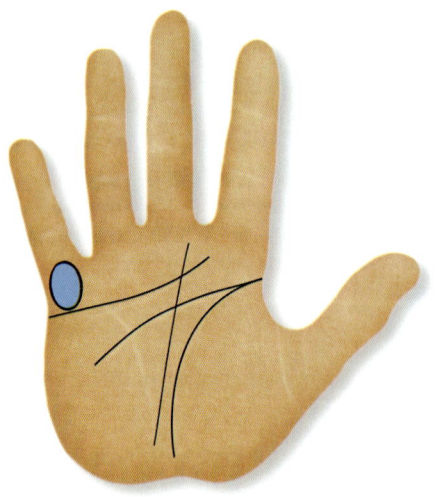

Sie wissen sich im richtigen Moment anzupassen und arbeiten mit scharfem Verstand. Wenn es sein muß, können Sie auch schwatzhaft, anmaßend bzw. unaufrichtig sein. Sie überlegen zu wenig und sind zu impulsiv. Gelegentlich oberflächlich und launenhaft.

Der Mondberg steht für Phantasie, das Unterbewußte und die Intuition und Kreativität. Sie sind phantasievoll und begabt. Sie lieben die Natur und alles, was mit Kunst und schönen Dingen zu tun hat. Man kann sich mit Ihnen auch über tiefergehende Themen unterhalten, und Sie haben ein „Gespür" für den anderen Menschen – Sie können sich in ihn hineinfühlen. Allerdings fehlt es Ihnen an Sachlichkeit. Sie haben originelle Einfälle.

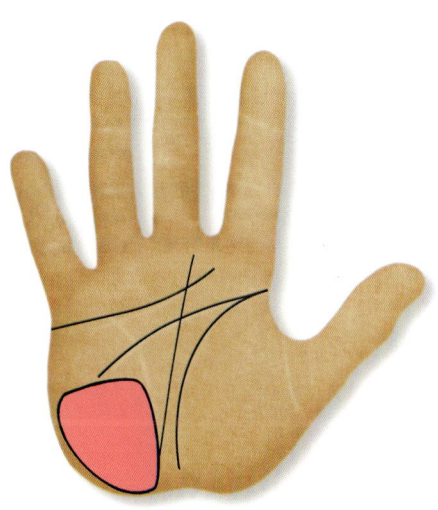

Handberge

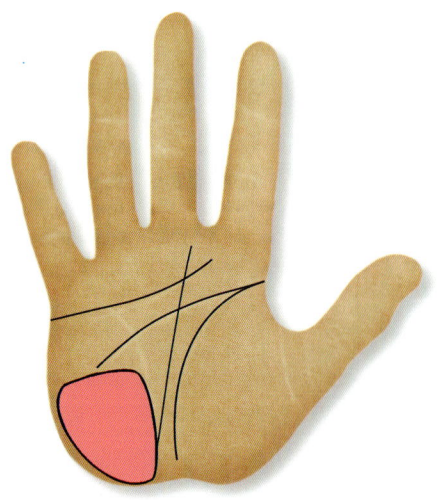

Sie leiden unter einer inneren Leere, fühlen sich ungeborgen. Vielem stehen Sie gleichgültig gegenüber. Ihr Leben ist von Langeweile, mangelnder Phantasie und Nüchternheit geprägt.

Ziehen durch den Mondberg keinerlei Linien, haben Wünsche und Träume keine Bedeutung, sondern nur reale Tatsachen.

Tip:

Gehen Sie unter Menschen oder in Vereine, um Ihrem Leben mehr Farbe zu geben.

Handberge

Ist der obere Teil des Mondberges dicker, haben Sie oft ausgefallene Ideen, die für manche schon etwas „zu weit" gehen. Man weiß nicht so ganz, wo man bei Ihnen dran ist, da Sie wankelmütig und unstet sein können.
Ist der untere Teil des Mondberges dicker, haben Sie Launen, sind sentimental und manchmal träge.

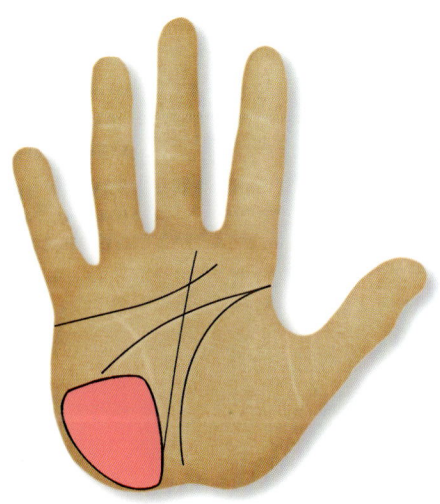

Handberge

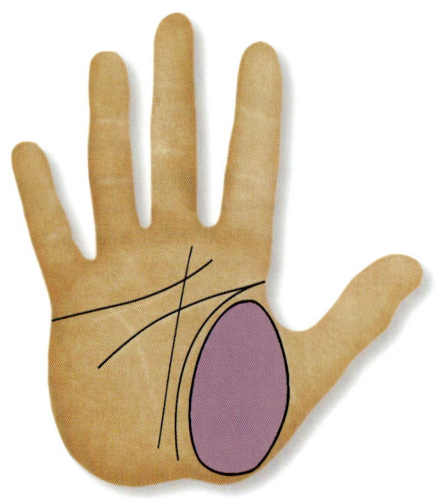

Der Venusberg steht für Vitalität, Ausdauer, Sinnlichkeit und Lebensfreude.

Ihre Empfindungen, Ihre Gefühlswelt und Ihre Lebenskraft fügen sich harmonisch in Ihr Leben ein und sind von Freundlichkeit, Liebe, Lebenslust und Wärme geprägt. Krank sind Sie nie lange.

Ein Gitter auf dem Venusberg deutet hin auf starke Spannungen aufgrund von Energien, die gelenkt werden wollen.

Handberge

Sie gehören eher zu den kühlen, emotional schwachen, selbstsüchtigen und reservierten Menschen. Sie sind an vielem desinteressiert. Es fehlt Ihnen an Energie und Vitalität. Ihre Gesundheit ist zart und Sie sind schnell erschöpft.

Tip:

Versuchen Sie mehr Initiative in Ihr Leben zu bekommen. Treiben Sie Sport, um Ihre Energien zu aktivieren und sich leichter für Ihre Mitmenschen zu öffnen.

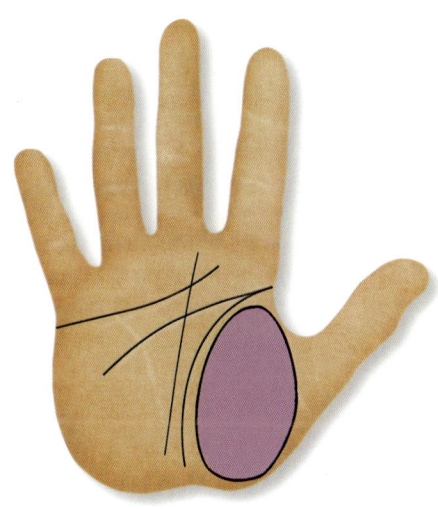

Handberge

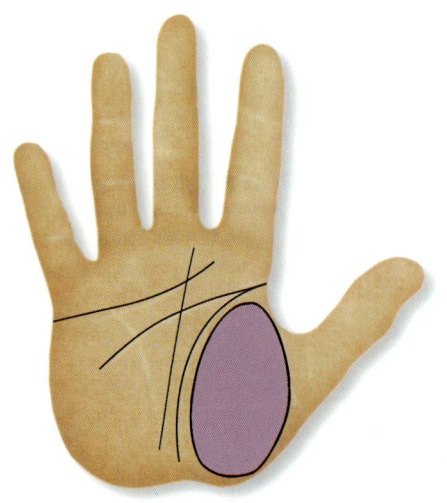

Sie sind leidenschaftlich, ausgesprochen sinnlich, triebhaft, flirten gern, und mit Treue tun Sie sich schwer. Sie lieben Luxus und ein ausschweifendes Leben, um Ihre Sinne ständig anzureizen. Sie können aufbrausend und unbeherrscht sein. Sie haben eine starke Lebenskraft. Zuweilen sind Sie oberflächlich, und es fehlt Ihnen am nötigen Ernst.

Handberge

Ist der Venusberg normal gewölbt und mit vertikalen Linien durchzogen, besitzen Sie eine verstärkte Lebenskraft. Allerdings benötigen Sie in Ihrem Leben meist auch zusätzliche Kräfte.

Ist der Venusberg hingegen flach, wirken sich diese Energielinien als Unruhe und Gereiztheit aus.

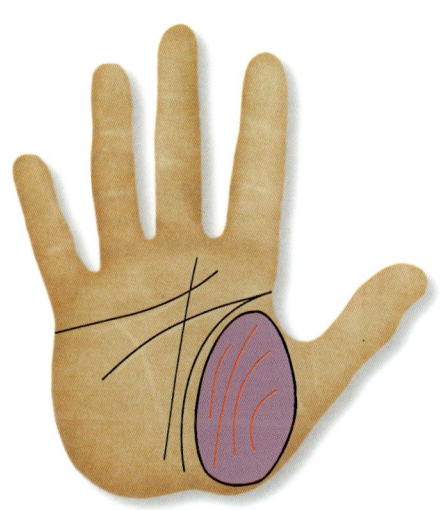

Handberge

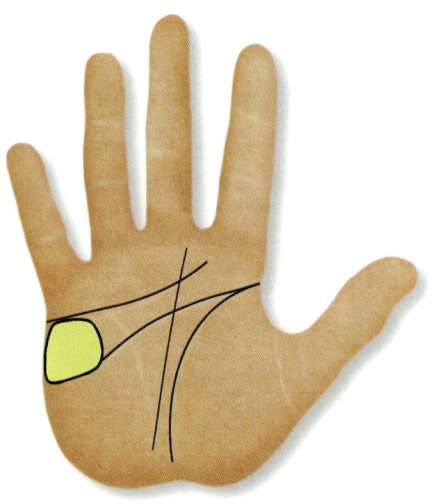

(Abgerundeter Handrand).

Der Marsberg steht für Dynamik.

Sie sind ein tätiger und disziplinierter Mensch. Sie wissen, was Sie wollen, und gehen die Dinge zielsicher und mutig an. Dafür bringen Sie manches Opfer und weichen einem Kampf nicht aus.

Sie sind der ideale Verteidiger und gut in allen Berufen, wo es um das Beschützen anderer Menschen geht.

Kopflinie

Die Kopflinie zeigt, wie Sie die Realität sehen, wie Sie sich mit der Außenwelt auseinandersetzen und inwieweit Sie Ihr Leben kontrollieren.

Die Linie zeigt die geistige Kraft, den Kopf, das Denken, die Konzentrationsfähigkeit, Depressionsneigung und die innere Stabilität und Klarheit. Auch Krankheiten des Kopfes und der Kopfnerven sind ersichtlich.

Die Linie liegt in in der Handmitte zwischen Herz- und Lebenslinie.

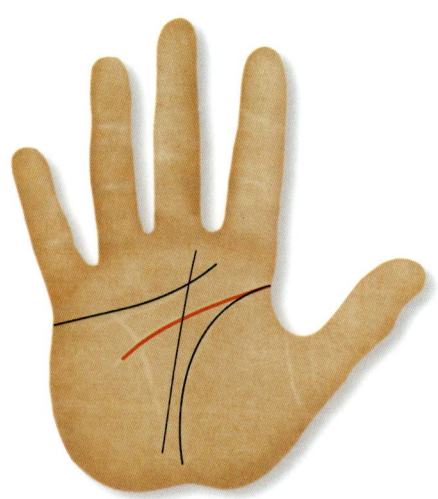

Kopflinie

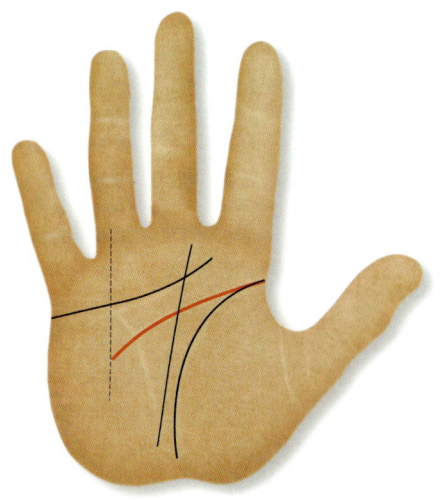

Die Kopflinie reicht im Idealfall bis unterhalb der Mitte des Ringfingers. Ihr Verstand ist klar und ausgewogen. Sie sind flexibel und kreativ, da Sie Kraft aus dem Mondberg schöpfen. Sie beobachten gut, haben eine gute Auffassungsgabe und ein gutes Gedächtnis. Dies verleiht Ihnen seelische Stärke und innere Konsequenz. Der Umgang mit anderen Menschen fällt Ihnen leicht. Es ist Ihnen geistige Frische bis ins hohe Alter beschieden.

Kopflinie

Sie stellen sich deutlich in den Vordergrund und sind von Ihrem „Ich" geprägt. Sie sind bestimmend und Ihre Urteile fallen gerne hart aus. Sie möchten Ihre Mitmenschen verstehen, bemerken aber selten, daß Sie die anderen mit Ihrer „Energie" bedrängen. Am liebsten gehen Sie mit dem Kopf durch die Wand. Ist die KL gerade, sind Sie unerschrocken und selbstsüchtig. Ist die KL lang und gebogen, lassen Sie andere Meinungen mehr zu.

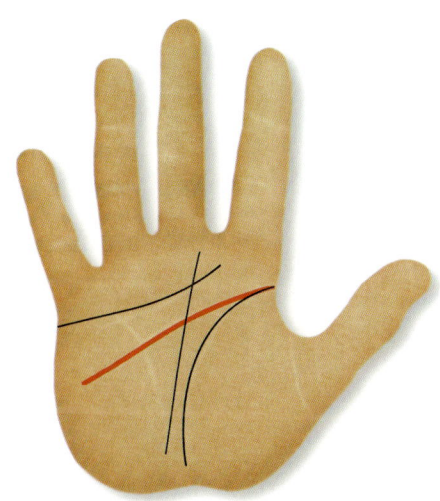

Gerade, waagerechte Linie

Kopflinie

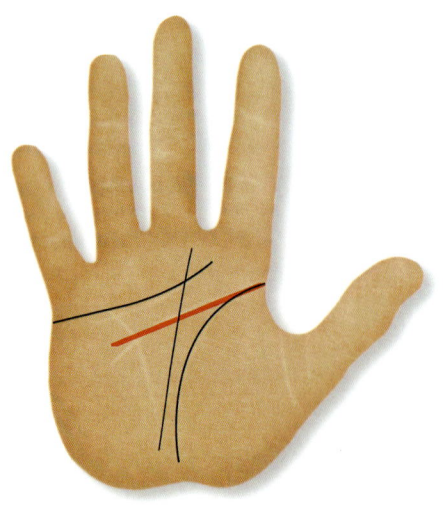

Sie gehen mit hoher Konzentration und Tatkraft an Ihre Aufgaben. Sie denken analytisch, oft bis ins Detail gehend. Realistisch, konservativ und pragmatisch, sehen Sie die Dinge nüchtern. Sie können unnachgiebig, starrsinnig und streng sein – ein Prinzipienreiter.

Ist die gerade KL sehr lang, sind Sie geistig extrem aktiv, was zu Ermüdungen führt. In diesem Fall sollten Sie sich viel Ruhe und Entspannung gönnen.

Kopflinie

Kurze Linie

Sie haben eine praktische, etwas engstirnige und manchmal auch materialistische Veranlagung. Ihre Gedanken sind schnell, aber „kurz". Gerade diese Veranlagung befähigt Sie zum ausgezeichneten Spezialisten. Globales weitsichtiges Denken fällt Ihnen eher schwer. Sie handeln lieber instinktiv. Veränderungen mögen Sie nicht, was die Gefahr der Isolierung birgt. Je länger die kurze Linie ist, umso flexibler sind Sie in allem.

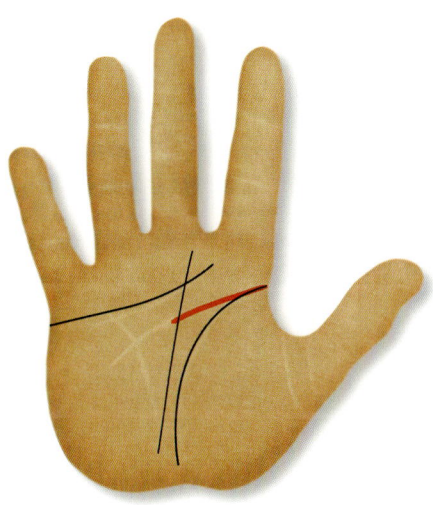

49

Kopflinie

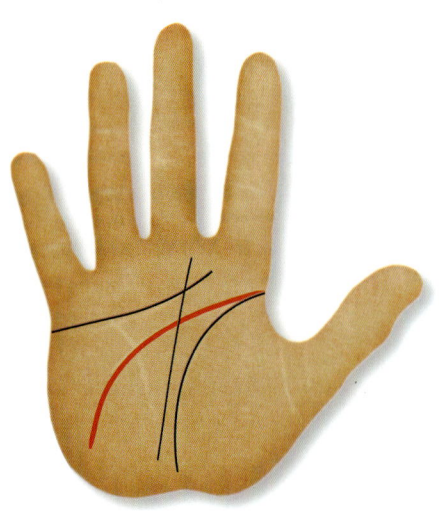

Ihr Denken wird in hohem Maß von Ihrer starken Phantasie geprägt. Das kann so weit führen, daß Sie ein recht unrealistisches Bild Ihres Lebens haben. Ihre große Überempfindlichkeit führt zwangsläufig zu Enttäuschungen, was Sie melancholisch macht. Auch sind Sie stark beeinflußbar, was Sie in Abhängigkeiten bringt. Ist die Linie nur in der linken Hand stark abfallend, werden Sie mit zunehmendem Alter stabiler und realistischer.

Die Gabelung zeigt die Eigenschaften einer geraden und gleichzeitig einer gebogenen Linie. Das macht Sie sehr vielseitig. Sie können sachlich, kritisch und nüchtern über eine Sache nachdenken und sich zugleich den Gegebenheiten konstruktiv anpassen. Allerdings kann diese gespaltene Veranlagung Sie tatsächlich „gespalten" machen und dazu führen, daß Sie sich nur schwer für etwas klar entscheiden können.

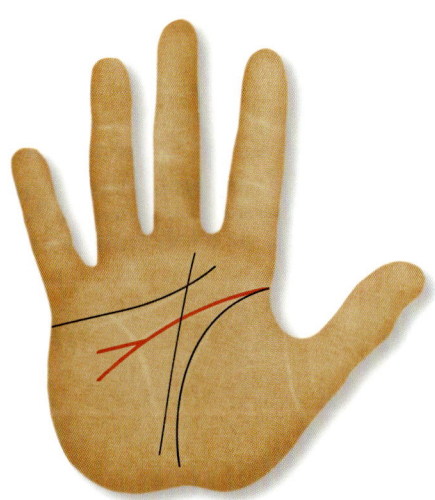

Kopflinie

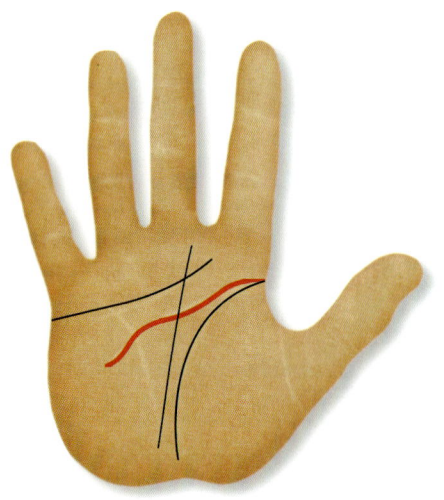

Die wellige Linie zeigt einen Menschen mit positiven und negativen Aspekten. Einmal entscheiden Sie gewandt und mit der nötigen Anpassungsfähigkeit, dann wieder fühlen Sie sich wankelmütig, unausgeglichen und weichen Dingen lieber aus. Man weiß nie so richtig, woran man bei Ihnen ist.

Tip:
Versuchen Sie, mehr Ausgeglichenheit in Ihr Wesen zu bekommen.

Kopflinie

Sie sind eine Kämpfernatur und geschaffen für den rücksichtslosen Lebenskampf, den Sie vor allem geistig ausfechten und dabei kühl und berechnend vorgehen. Wollen in allem Kontrolle.

Tip:

Denken Sie über folgendes nach: Die Gelassenheit, das anzunehmen, was ich nicht ändern kann, und der Mut, das zu ändern, was ich ändern kann, sowie die Weisheit, den Unterschied zu erkennen.

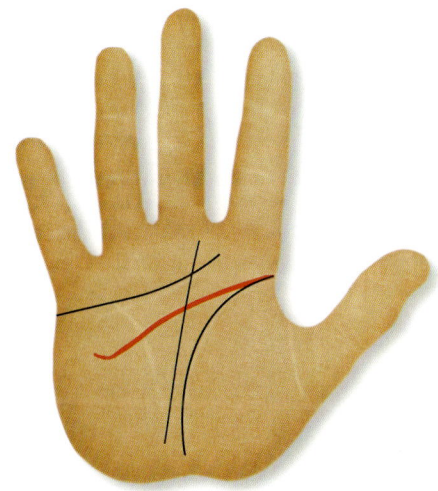

Kopflinie

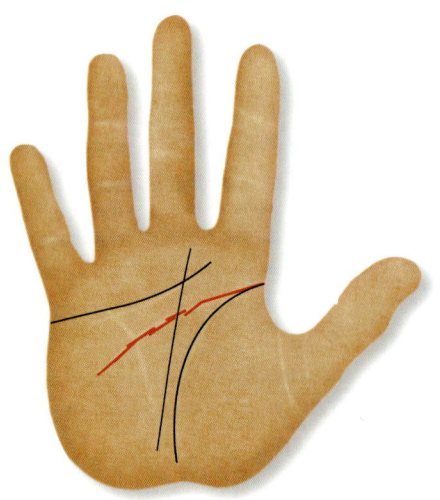

Situationen erfassen Sie schnell dank Ihrer hohen Sensibilität. Doch leider ist Ihre Ausdauer nicht ausgeprägt. Das macht Sie nervös. Sie bekommen Kopfschmerzen oder leiden unter Schlafstörungen. Starke innere Unruhe und seelische Erschöpfung entstehen, weil Sie zu viele Wünsche und Sehnsüchte mit sich herumtragen. Setzen Sie Prioritäten. Beenden Sie immer erst eine Sache, bevor Sie die nächste beginnen.

Kopflinie

In der Kindheit waren Sie größeren Belastungen ausgesetzt, gesundheitlich wie auch emotional. Sie wurden durch bestimmte Umstände an Ihrer Entfaltung gehindert, suchten Ihren Platz in der Welt. Sie fühlten sich unverstanden und hatten Mühe, im späteren Alter Ihre eigene Identität zu finden.

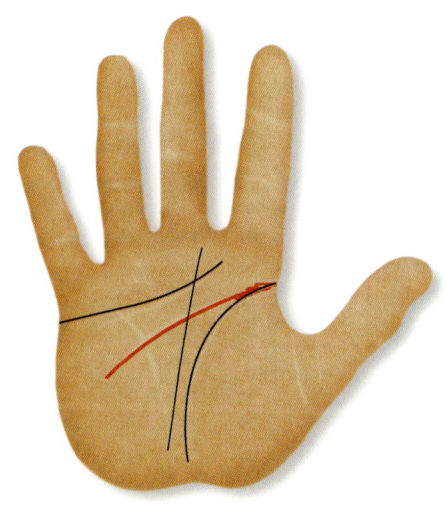

Kopflinie

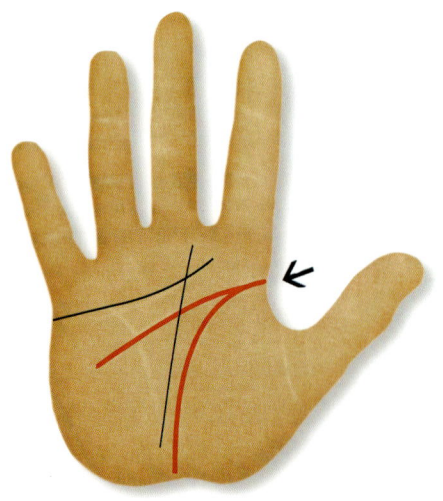

Dies ist die ideale Verbindung von Lebens- und Kopflinie. Sie sind ausgeglichen und haben ein gesundes Maß an Selbstvertrauen. Sie gehen mit Vernunft an die Dinge heran und denken erst darüber nach, bevor Sie handeln. Sie betrachten die Dinge realistisch und lassen sich nichts vormachen. Sie sind fest mit der Wirklichkeit verbunden und treffen Entscheidungen zur rechten Zeit.

...oder auch knappe Verbindung:

Ihre Lebensdevise lautet: Leben und leben lassen. Sie gehören zu den heiteren, entgegenkommenden, entschlußfreudigen und toleranten Menschen. Leider macht Sie das auch nachlässig. Sie sind ein Optimist, auch wenn es Ihnen etwas an Selbstreflexion fehlt und Sie häufig die gleichen Fehler machen. Der Verstand (Kopflinie) läßt Ihren Lebensfunktionen (Lebenslinie) freien Lauf.

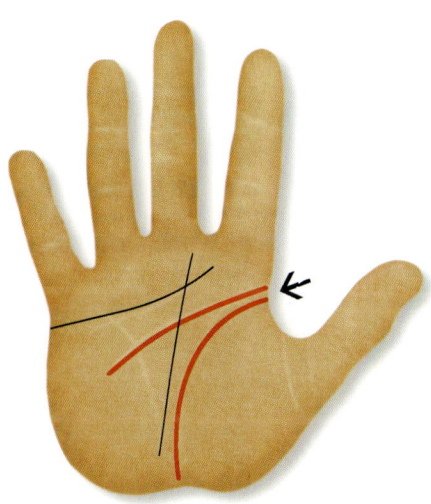

Kopflinie

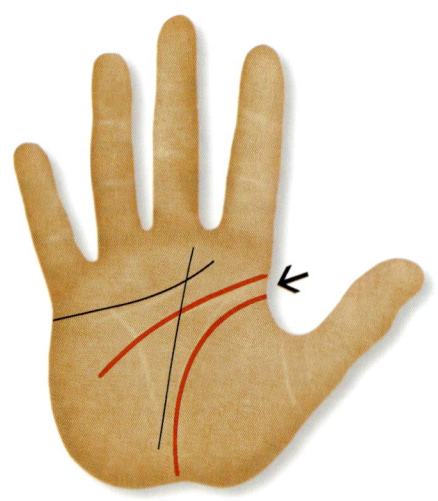

Sie besitzen großes Selbstvertrauen. Sie sind risikofreudig, abenteuerlustig und unbekümmert. Es besteht die Gefahr der Überforderung. Sie lernen selten aus Ihren Fehlern. Sie sagen spontan, was Sie denken, ohne vorher zu überlegen, was Sie damit eventuell anrichten. Öffentliche Anerkennung ist Ihnen wichtig. Kritik mögen Sie nicht.

Tip:
Schlafen Sie immer erst einmal über eine Sache, bevor Sie eine Entscheidung treffen.

Kopflinie

Es mangelt Ihnen an Selbstvertrauen und Energie. Sie ziehen sich gerne zurück, wirken schüchtern oder gar unfreundlich. Sie fühlen sich aus familiären oder beruflichen Gründen abhängig. Sie wägen Pro und Kontra zu lange ab, was Sie fast entschlußunfähig macht. Sie gehören zu den typischen „Spätentwicklern". Es geht bei Ihnen alles ein bißchen langsamer. Lernen Sie zu handeln.

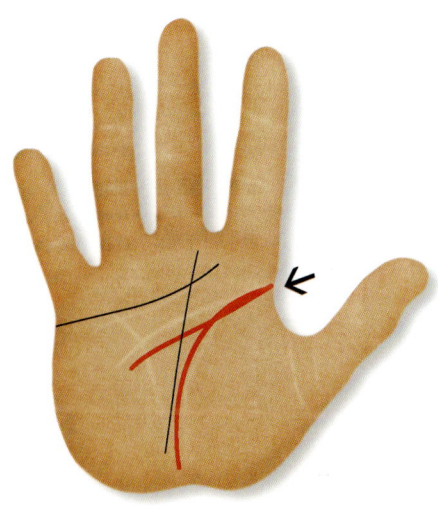

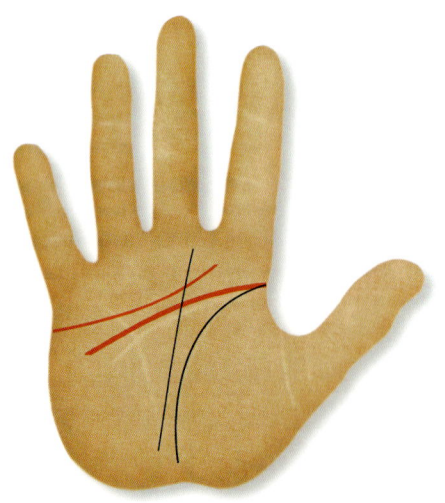

Enger Abstand zur Herzlinie:

Sie haben mit Enge und Ängstlichkeit zu kämpfen. Sie lassen Ihre Lebenskräfte nicht fließen, sind introvertiert und neigen zu Intoleranz und Pedanterie.

Tip:

Atemübungen weiten.

Weiter Abstand zur Herzlinie:

Herz und Verstand reagieren unkoordiniert und wechselhaft. Einmal großzügig, einmal sentimental, dann wieder maßlos. Sie sind nur schwer einschätzbar und extrovertiert.

Kopflinie

Beide gleich geformt:

Verstand und Gefühl arbeiten optimal zusammen. Gutes Vorankommen im Leben.

HL stärker als KL ausgeprägt:

Reagiert gefühlsmäßig und intuitiv. Unvernünftiges Handeln. Braucht Beziehungen.

KL stärker als HL ausgeprägt:

Kopflastig, kühl, berechnend.

Form der Linien unterschiedlich:

Herz und Verstand im Konflikt. Eine Funktion bremst die andere. Verhalten wechselhaft.

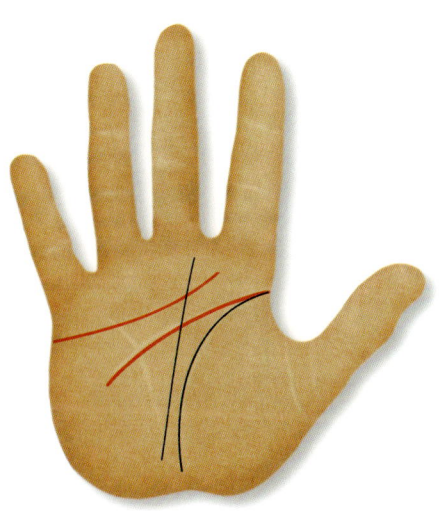

Kopflinie

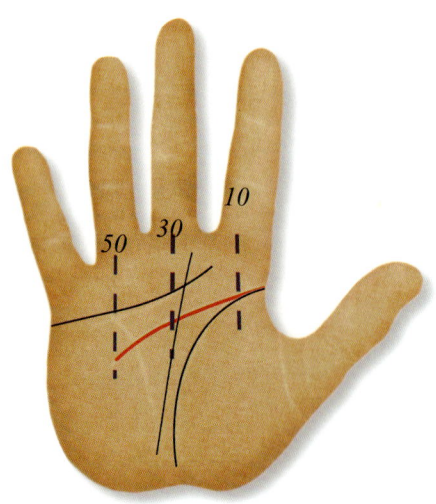

Viele Chirologen unterlassen eine zeitliche Einordnung der Kopflinie nach nebenstehendem Schema, da Ereignisse sich auf der Lebenslinie mit größerer Sicherheit berechnen lassen.

Finden Sie Zeichen (Punkte, Sterne, Schnitte etc.) auf der Kopflinie, untersuchen Sie parallel die Lebenslinie. Finden Sie dort ebenfalls Zeichen, machen Sie eine zeitl. Berechnung auf der LL und bringen es in Zusammenhang mit den Zeichen auf der Kopflinie.

Herzlinie

Die Herzlinie beginnt am Handrand und durchquert den geistigen Bereich der Hand. Hier finden Sie das Gemüt, die Emotionen und die Seele. Sie zeigt, wie man mit zwischenmenschlichen Beziehungen gefühlsmäßig umgeht und wie man diese erlebt. Gleichzeitig symbolisiert die Herzlinie das Organ Herz.

Ereignis-Berechnungen auf der Herzlinie sind ungenau, sie sollten nur als grober Richtwert angesehen werden.

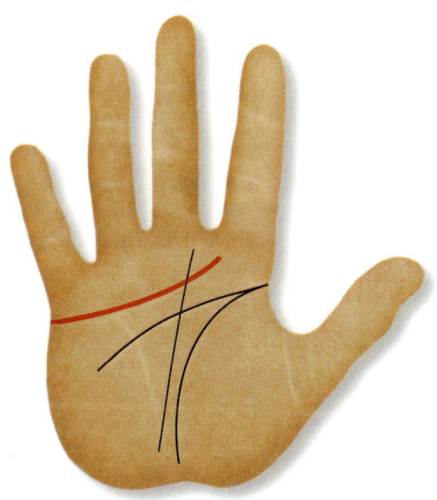

63

Herzlinie

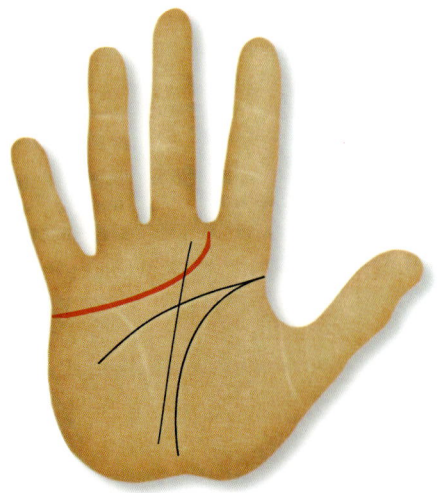

Ihr Gemüt und Ihre Seele befinden sich in einem relativ guten Gleichgewicht. Ihre Empfindungen passen sich den jeweiligen Situationen an. Sie sind freundlich und den Menschen wohlgesonnen.

Herzlinie

Gerade Linie

Beziehungen stehen Sie nüchtern gegenüber
und wirken dadurch herb und kühl. Sie wür-
den sich durch Beziehungen zu sehr in Ihrem
Ehrgeiz gestört fühlen und müßten sich zuviel mit Gefühlen auseinandersetzen. Sachlichkeit geht Ihnen vor Gefühlsduselei. Emotional geben Sie sich eher passiv. Sie fühlen
sich mit einem Partner mit gleichem Intel-
lekt am wohlsten.

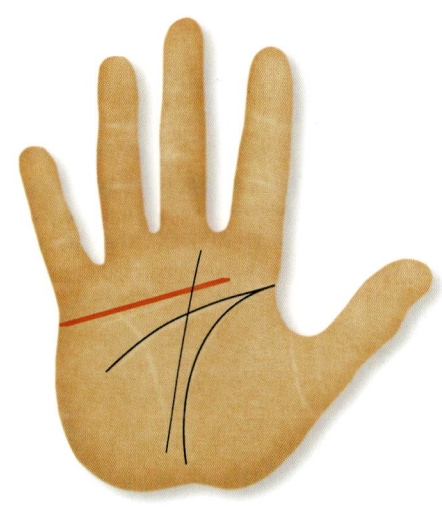

Herzlinie

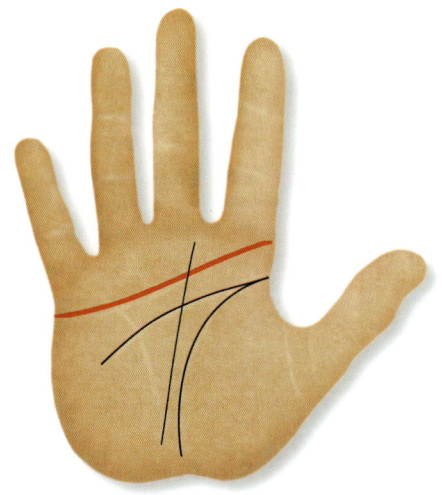

Sie strahlen viel Macht aus. Sie wollen andere Menschen beherrschen, weil Sie sich selbst nur ungern unterordnen. Von Ihrem Partner und Ihren Kollegen verlangen Sie sehr viel. Sie geben den anderen kaum Raum. Bedarf Ihr Partner jedoch ungewöhnlicher Hilfe, sind Sie zu jedem erdenklichen Opfer bereit. Sie können sehr eifersüchtig reagieren, wenn Ihr Partner versucht, sich mehr Freiraum zu schaffen.

Herzlinie

Ende unter Mittelfinger

Je kürzer die HL ist, umso egoistischer sind Sie. Sie sind selbst die Nummer eins. Das Vertrauen in andere Menschen ist gering und deshalb haben Sie es schwer, sich wirklich zu binden, leidenschaftlich zu sein oder sich einer Partnerschaft mit echten Gefühlen hinzugeben. Sie bleiben bis zu einem gewissen Grad verschlossen. Übernehmen Sie Verantwortung! Es stößt Ihnen nichts zu, was Sie nicht selbst gewählt haben.

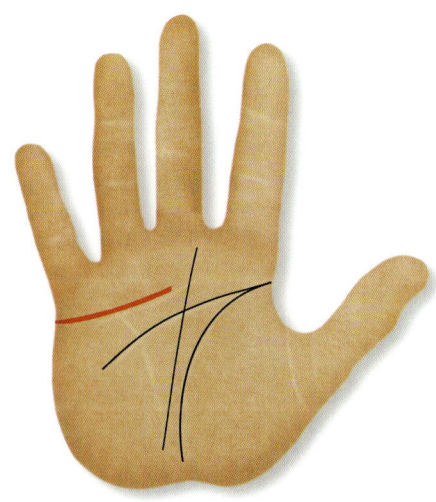

Herzlinie

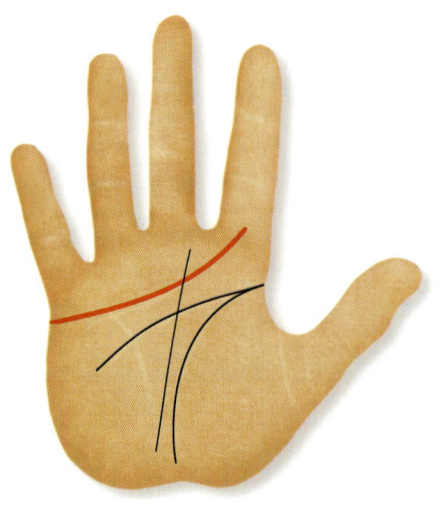

Sie möchten andere Menschen lenken und werden dabei oft enttäuscht, weil Sie sich nicht unterordnen wollen und zu hohe Erwartungen an diese haben. Geht die Linie bis in den Zeigefinger hinein, sind Sie allzu idealistisch. Sie idealisieren Ihren Partner und übersehen die Realität. Sie klammern gern. Dann wundern Sie sich, daß man vor Ihnen davonläuft (...um mal wieder Luft zu holen!).

Herzlinie

Ende hoch oben
zw. Mittel-/Zeigefinger

Ihre Liebe wird geprägt von Verantwortung
für Ihre Beziehung und andererseits von Güte
und Achtung. Es fällt Ihnen schwer, Ihrem
Partner Ihre tiefsten Gefühle mit Worten mit-
zuteilen. Trotzdem ist Ihre körperliche und
seelische Liebe in guter Harmonie.

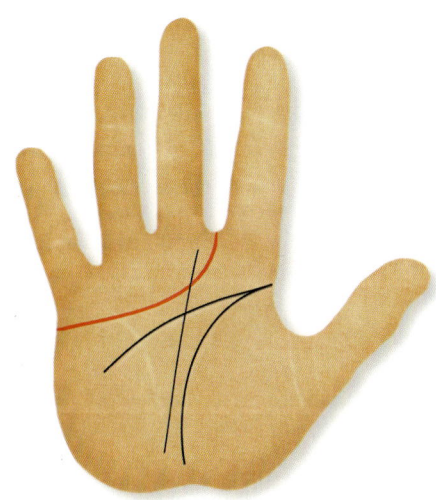

Herzlinie

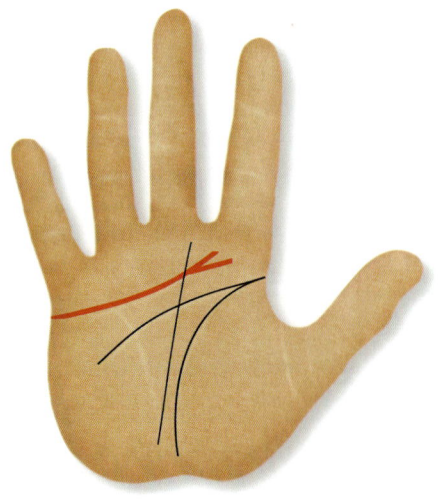

Sie sind offen, warmherzig, anpassungsfähig und besitzen einen gesunden Menschenverstand. Ist die Linie 3fach gegabelt, verstärken sich diese Eigenschaften noch. Sie stehen aufrichtig zu Ihrem Partner.

Herzlinie

Sie leiden unter emotionaler Unausgegli-
chenheit. Sie haben bei Streß schnell das Gefühl: „Das hält mein Herz nicht aus." Hier
liegt auch die Grenze Ihrer Belastbarkeit. Die
Linie signalisiert: Bis dahin und nicht wei-
ter. Es fehlt Ihnen an Beständigkeit und Sicherheit gegenüber Ihrem Partner.

Tip:
Versuchen Sie durch Visualisierungsübungen
Ihre geistige Mitte bzw. Harmonie zu finden.

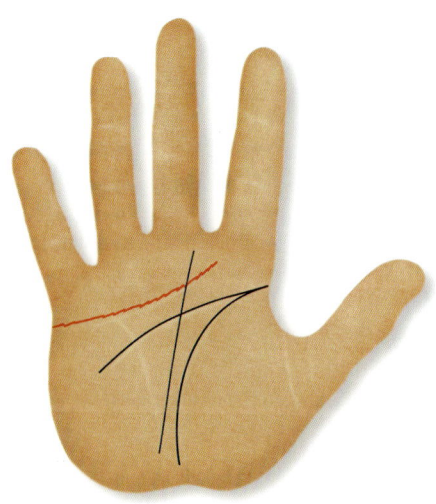

Herzlinie

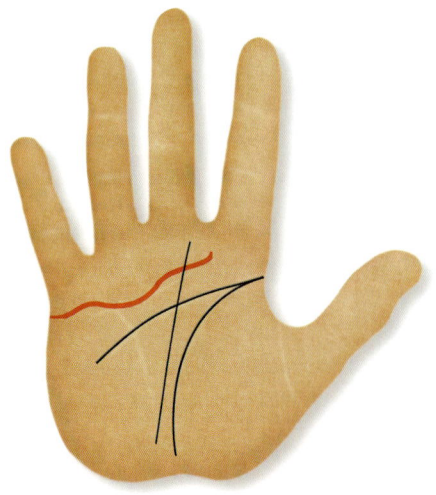

In Gefühlsdingen bleiben Sie selten bei einer Sache. Dazu sind Sie zu wechselhaft. Einmal passen Sie sich an, um dann wieder allem auszuweichen. Andere sehen in Ihnen den eher unzuverlässigen Partner. Setzen Sie Prioritäten und konzentrieren Sie sich nur auf eine Partnerschaft. Tun Sie für diese immer ein bißchen mehr, bleiben Sie dran auch wenn es schwer fällt.

Inseln können sowohl seelische als auch körperliche Bedeutung haben. Die seelische Bedeutung drückt sich in emotionalen Störun-
gen, Spannungen, Herzleid, Sorgen und de-
pressiven Phasen aus, vor allem, wenn mehrere Inseln „aneinanderkleben". Liegen die
Inseln am Anfang (Handkante), sind viele
Probleme, vor allem aus früheren Jahren, ver-
drängt. Machen Sie sich erst Gedanken über
ein Problem, wenn es akut wird, nicht schon
vorher.

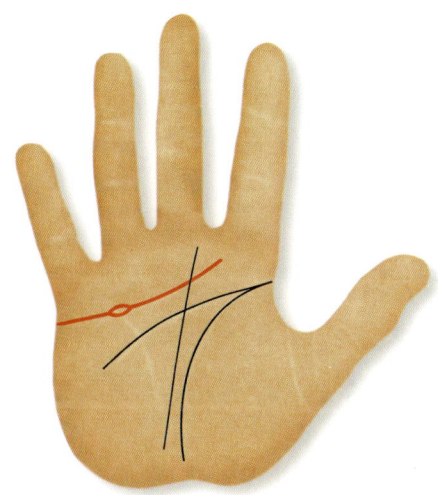

Herzlinie

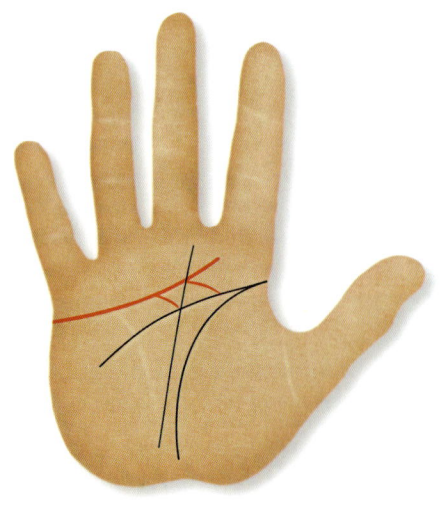

Trennungen und emotionale Enttäuschungen nehmen Sie schwer, weil Ihre Gefühle vom Denken beeinflußt werden. Durch das viele Denken bei Enttäuschungen blockieren Sie sich und geraten leicht in depressive Phasen. Es entsteht ein Gefühlsstau.

Allerdings machen Sie diese leidvollen Erfahrungen offen für die Gefühle anderer Menschen und Sie begegnen diesen mit Rücksicht und Verständnis bei emotionalen Problemen.

Herzlinie

In Ihrer Kindheit unterlagen Sie gefühls-
mäßigen Belastungen, die Ihnen scheinbar
ausweglose Situationen bereiteten. Es kann
sein, daß sich die damaligen Erfahrungen auch
im erwachsenen Leben auswirken. Auf alle
Fälle nehmen Sie bestimmte Situationen ern-
ster als andere. Dies schlägt sich auch in Unruhe und zeitweiser Unzufriedenheit nieder.

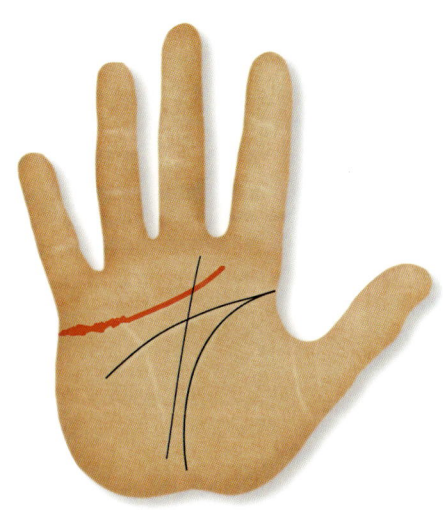

Herzlinie

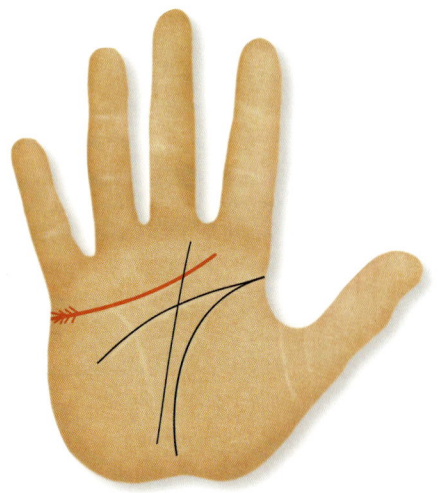

Sie können von einer glücklichen Kindheit reden. War dies nicht der Fall, haben Sie zumindest Mittel und Wege gefunden, diese Kindheitserlebnisse so gut zu verarbeiten, daß sie sich im Erwachsenenalter nicht mehr negativ auswirken.

Herzlinie

Sie haben ein starkes Seelenleben mit viel Gefühlsreichtum. Sie sind in der Lage, davon bedürftigen Menschen in Form von aufopfernder Betreuung abzugeben. Das verleiht Ihnen eine grundsätzliche Sicherheit in der Welt. Verwechseln Sie diese Linie nicht mit einer langgezogenen Insel.

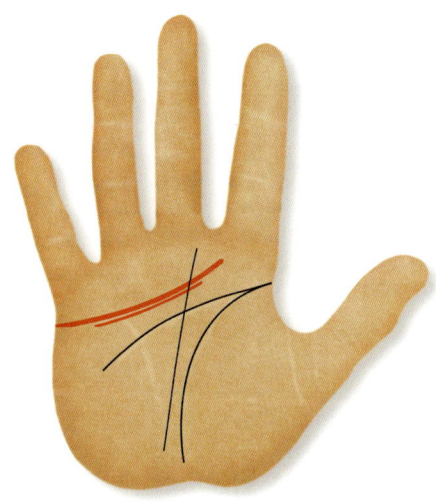

Herzlinie

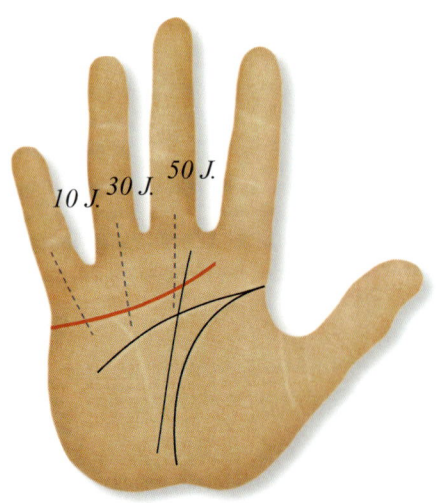

Die Ereignis-Berechnung auf der Herzlinie ist nur als Richtwert zu sehen, zumal sie bei ca. 70 Jahren aufhört. Die Herzlinie beginnt an der Handkante.

Lebenslinie

Vitalis
Allgemein

Die Lebenslinie symbolisiert den körperlichen Teil eines Menschen: Körper, Gesundheit und Krankheit sowie die Regenerationskraft. Durch bewußte Lebensweise verstärkt sich auch eine schwächere Lebenslinie im Laufe der Zeit. Die Länge der Lebenslinie sagt keinesfalls etwas über die Lebensdauer aus! Je ausgeprägter und klarer die Lebenslinie aussieht, desto robuster sind Sie.

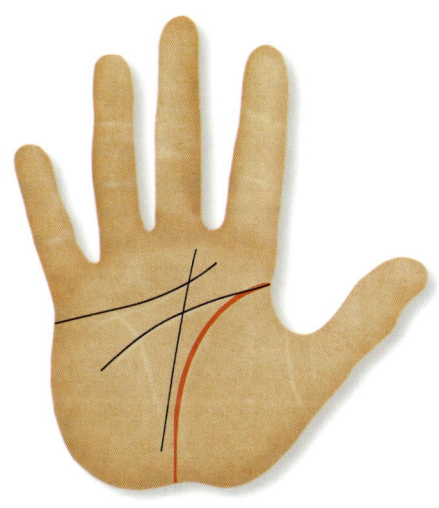

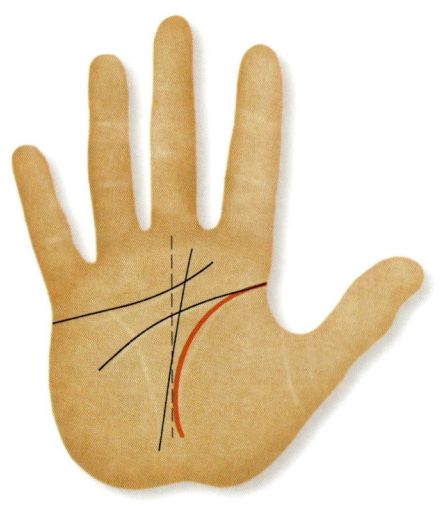

Lebenslinie

Sie besitzen eine gute Lebens- und Regenerationskraft. Sie leben mit gleichmäßiger natürlicher Kraft, und Ihre Ziele erreichen Sie langsam, aber stetig. Sie finden sowohl beim Essen wie auch im sexuellen Bereich ein gesundes Mittelmaß. Derbes lehnen Sie ab.

Lebenslinie

Sie denken sachlich und haben eine verstandesgemäße Einstellung zum Leben. Das hat den Nachteil, daß Sie sich nicht ausleben können, was sich wiederum auf Ihre Kraft auswirkt. Langandauernde Belastungen machen Ihnen Schwierigkeiten. Es fällt schwer, aus sich herauszugehen. Vertrauen Sie mehr auf Ihre inneren Eingebungen. Vertrauen entspringt unmittelbarer Erfahrung. Erfahren Sie sich zuerst durch Bewegung, Sport und Spiel.

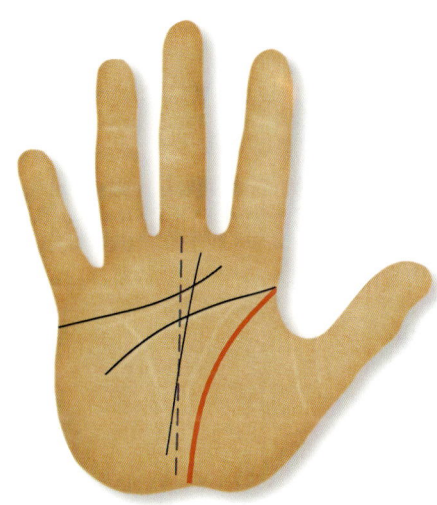

Lebenslinie

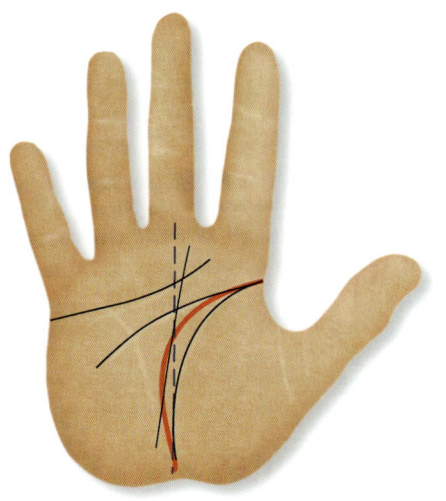

Starke Lebenskraft, Empfinden und Gefühle sind intensiv, Genußliebe, eher bequem und
großzügig. Da Sie durch Ihre Präsenz auch
anstrengend für andere wirken, sollten Sie
immer einen Ausgleich durch Ruhe und Rück-
zug suchen. Es besteht ein bißchen die Gefahr der Verzettelung.

Lebenslinie

Ihre Vitalität und Konstitution sind nicht sehr stark. Sie sind recht empfindlich, leicht nervös, fühlen sich schnell erschöpft und überanstrengt. Eine naheliegende Schicksalslinie stärkt eine schwache Lebenslinie.

Tip:

Auch wenn Sie körperliche Aktivitäten und Bewegung nicht sonderlich reizen, sollten Sie hier viel tun, um sich körperlich zu stärken. Dies würde sicherlich auch Ihre mangelnde Lebensfreude stärken.

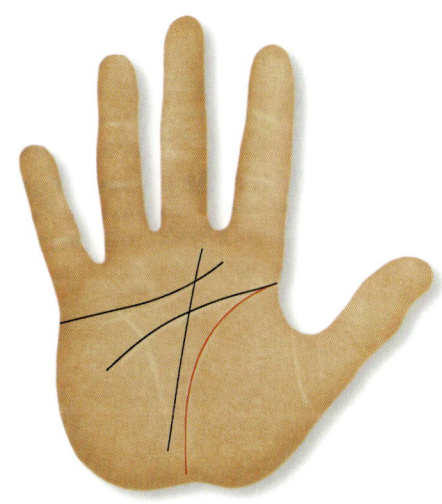

Lebenslinie

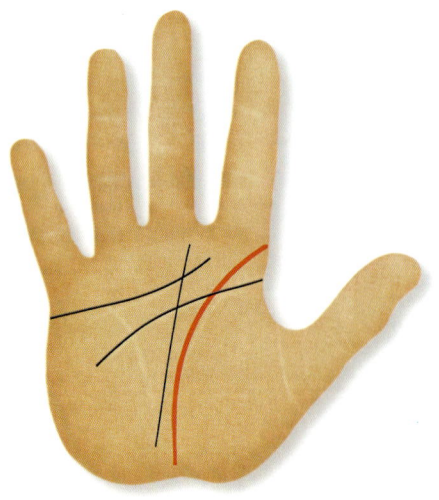

Sie sind ein ehrgeiziger und strebsamer Mensch. Sie wissen, was Sie im Leben wollen, setzen sich Ziele und erreichen sie auch. Ehre ist Ihnen wichtig. Sie führen gerne andere Menschen und haben Erfolg im Leben.

Lebenslinie

Eine kurze Lebenslinie bedeutet keinesfalls ein kurzes Leben! Untersuchen Sie zuerst die kurze Linie ganz genau. Meist zweigt ein dünnerer Ast zu einer anderen Linie in Richtung Handmitte. Auch eine Verbindung mit der Schicksalslinie ist möglich. Dieser Umbruch signalisiert einen großen, neuen, oft ungewöhnlichen Lebensabschnitt. Ist die Lebenslinie wirklich sehr kurz, haben Sie zuweilen unkontrollierte Temperamentsausbrüche oder Ihre Vitalität nimmt ab der Lebensmitte ab.

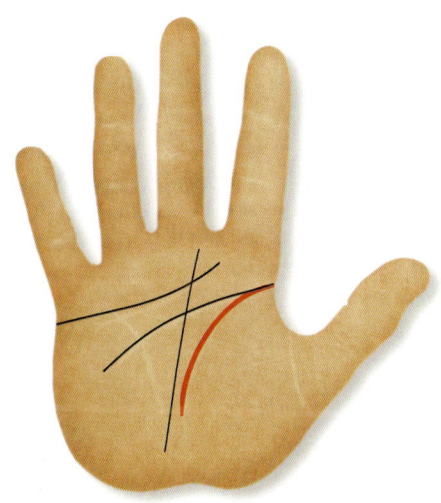

Lebenslinie

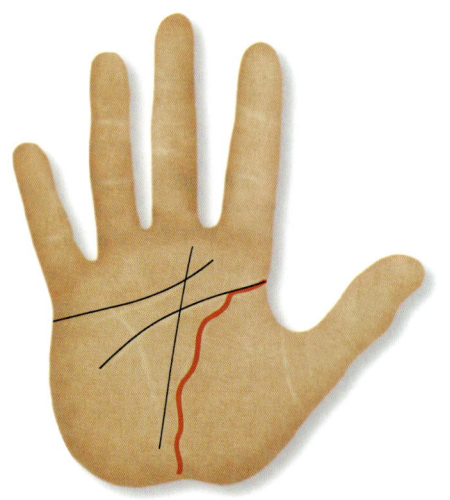

Sie sind gewandt und anpassungsfähig. Allerdings fehlt es Ihnen an Ausdauer und Festigkeit. Sie können im Leben Erfolg haben, denn Sie wissen Situationen geschickt zu Ihren Gunsten auszunutzen. Entscheidungen gehen Sie lieber aus dem Weg. Ihre Umwelt reagiert darauf vielleicht nicht immer erfreut.

Lebenslinie

Mal dick, mal dünn, unterbrochen, Inseln

Eine vielschichtige Lebenslinie weist auf Zeiten hin, wo Sie sich stark und robust fühlen. Dann gibt es wieder Zeiten, wo Sie unter Energiemangel leiden. Wenn Sie sich gut fühlen, besteht die Gefahr, daß Sie sich zu viel zumuten, um anschließend wieder der Erschöpfung zu unterliegen.

Tip:
Gewöhnen Sie sich einen geregelten Tagesablauf an. Das verhindert die Gefahr der Übertreibung.

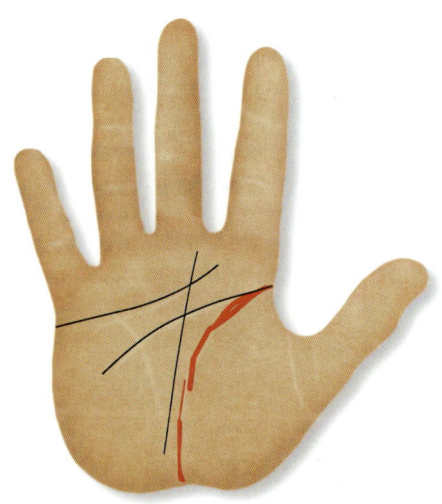

Lebenslinie

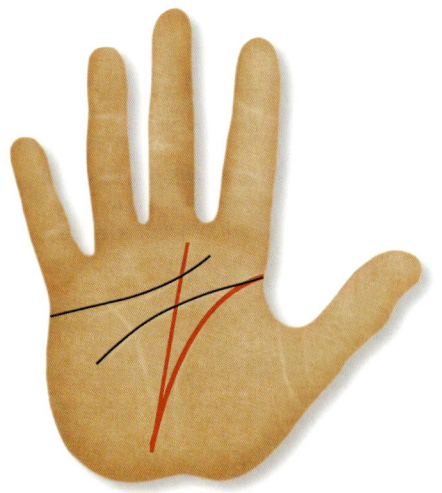

Ihre Verhaltensweisen sind oft fremdbestimmt.
Sie lassen sich selbst zu wenig Freiraum, fühlen
sich abhängig.

Tip:

Wichtig ist, daß Sie Ihr Verhalten erkennen,
lernen, Ihren eigenen Wünschen mehr Raum
zu geben und sich nicht immer wieder zu sehr
auf das Tun Ihres Partners zu konzentrieren.
Sie werden bald spüren, wie Energien für eigene Aktionen frei werden.

Lebenslinie

Wenn der Bruch sich Richtung Handmitte öffnet, erfährt Ihr Leben eine grundlegende Änderung bzw. Ausweitung. Die Linien sollten sich überlappen. Wenn es sich um einen klaren Bruch ohne Verschiebung handelt, durchlaufen Sie eine schwierige Zeit in Ihrem Leben. Gibt es kleine Verbindungslinien oder parallel verlaufende Linien an der Bruchstelle, finden Sie Wege, diese Zeit gut zu überstehen und gestärkt daraus hervorzugehen.

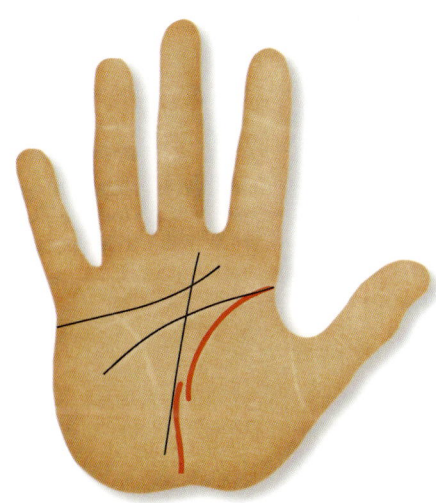

Lebenslinie

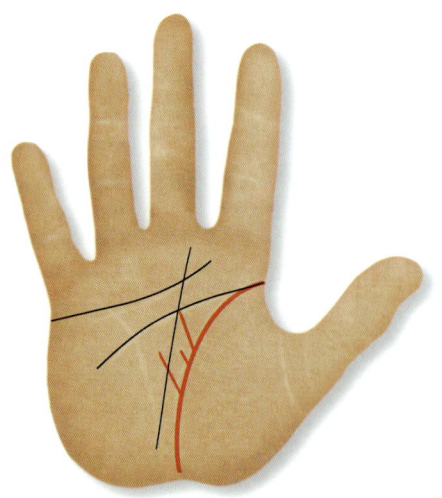

Die Äste zeigen positiv zu wertende Krisen, die Sie auf Ihrem Lebensweg weiterbringen und die Sie aus eigener Kraft bewältigen konnten.

Zum Zeigefinger hin:
Übersteigerter Ehrgeiz, Stolz.

Zum Mittelfinger hin:
Zusätzliche Verantwortung.

Zum Ringfinger hin:
Glück bei Geld oder Beziehungen.

Erreicht Kleinfingerberg:
Geschäftlicher Erfolg.

Lebenslinie

Absteigende Linien zeigen eine Krise im Leben bzw. Zersplitterung und schwächen die Lebenskraft. Vor allem findet man diese absteigenden Linien im unteren Teil, also im späteren Alter.

Tip:
Sorgen Sie vor durch Sport, geistige Fitness und ausgewogene Ernährung.

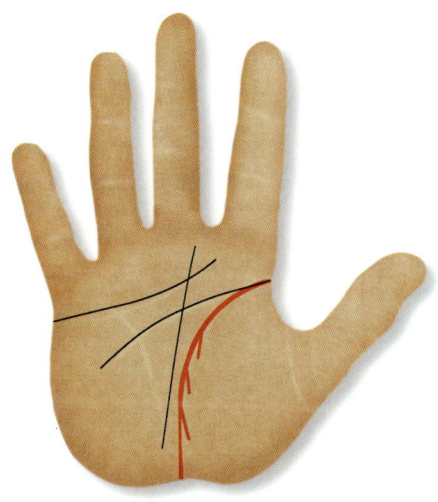

Lebenslinie

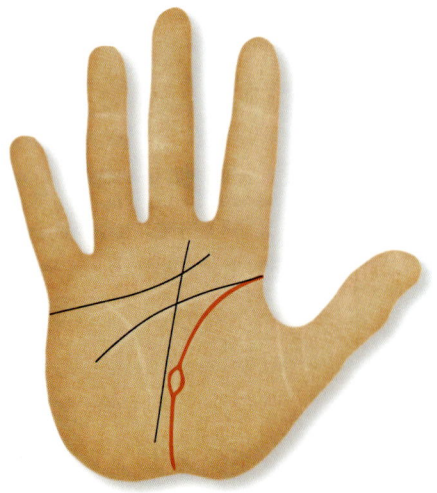

In Ihrem Leben herrscht ein Ungleichge-wicht. Ihre Widerstandskraft ist eingeschränkt. Sie leiden an innerer Verspanntheit, was unter Umständen chronische Krankheiten zur Folge haben kann. Ihre Kräfte weisen nach innen statt nach außen.

Tip:

Wenn Sie etwas in Ihrem Leben verändern wollen, müssen Sie sich mehr nach außen orientieren. Vielleicht sollten Sie auch Ihren Lebensstil deutlich ändern.

Lebenslinie

Ihre Widerstandskraft gegen Krankheiten und widrige Umstände ist ausgezeichnet. Allerdings erleben Sie auch Lebenssituationen, in denen Sie verstärkte Energien benötigen. Wirtschaftlich geht es Ihnen gut. Unklare doppelte LL bedeutet unklare Entscheidungen.

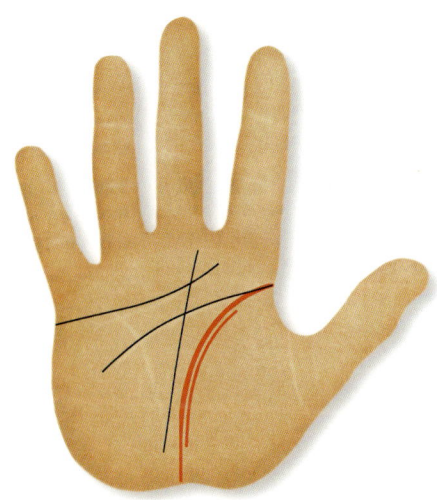

Lebenslinie

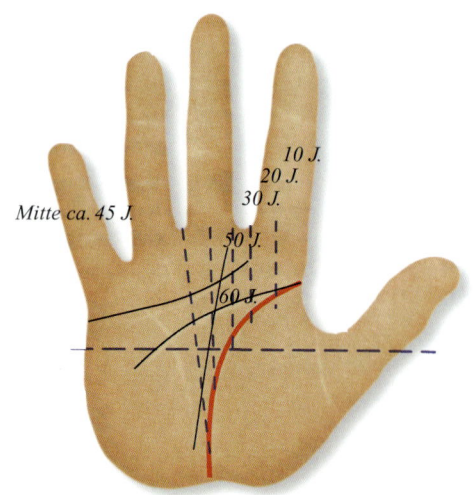

10 J.
20 J.
30 J.
Mitte ca. 45 J.
50 J.
60 J.

Eine senkrecht gedachte Linie auf der Höhe der Zeigefinger-Mitte steht für 10 Jahre. Eine Linie an der Innenkante des Zeigefingers steht für 20 Jahre. Eine Linie von der Mitte des Mittelfingers steht für ca. 50 Jahre. Nun können Sie in gleichen Abständen die restlichen Jahre eintragen. Die Hälfte der Lebenslinie ist ca. das 45. Lebensjahr.

Schicksalslinie

Diese Linie zeigt den Berufs- und Schicksalsweg, mit wieviel Bewußtsein, Disziplin und Verantwortungsgefühl wir durchs Leben gehen, zeigt Erfolge und Mißerfolge. Alle Nebenlinien, die bis unter den Mittelfinger (Saturnberg) führen, gehören zur Schicksalslinie. Sie kann auch eine schwache Lebenslinie stärken.

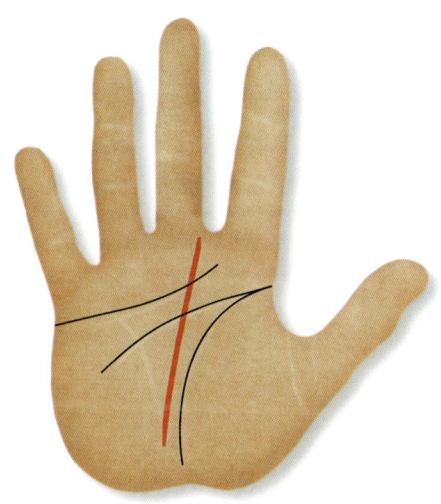

**Beginn tief unten
in der Handwurzel**

Schicksalslinie

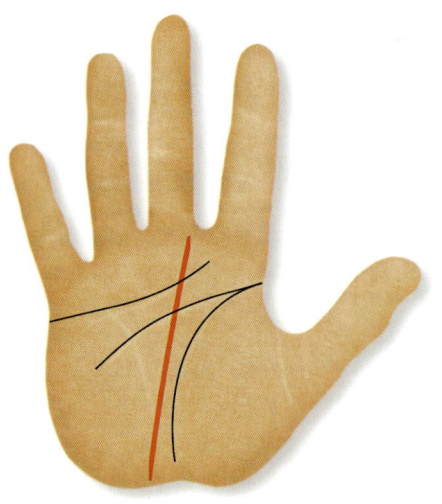

Sie lieben die Selbständigkeit, welche Sie mit Zielstrebigkeit und einem frühen Verständnis für die Dinge des Lebens angehen. Beengung im beruflichen Alltag mögen Sie nicht, ob Sie als Selbständiger oder selbständiger Angestellter arbeiten. Es besteht die Gefahr, daß Ihr Leben etwas zu einseitig verläuft, auch teilweise mit Mühen verbunden ist, da Sie kaum nach links und rechts schauen.

Ein selbständiger Wirkungskreis ist Ihnen sehr wichtig. Ihre lebhafte Phantasie, Gestaltungskraft und Ihre Fülle an schöpferischen Anlagen läßt Sie erfolgreich wirken. Sie wechseln im Laufe Ihres Lebens öfters den Beruf, weil Sie zu viele Ideen haben, um sie an einer Stelle auf Dauer ausleben zu können. Sie finden zu allen Problemen eine Lösung. Sie arbeiten um des Spaßes willen. Allerdings sind Sie oft unruhig und Stimmungsschwankungen unterlegen.

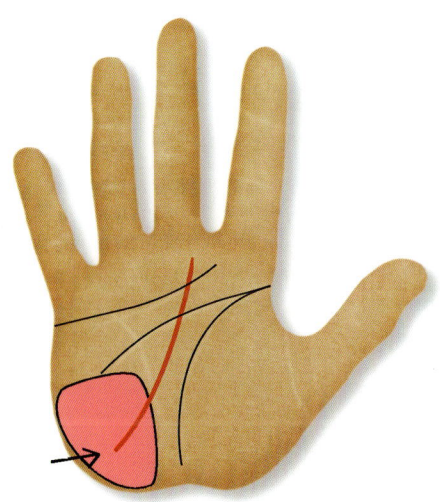

Schicksalslinie

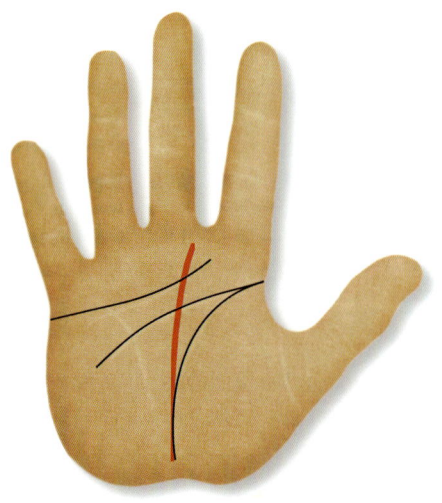

Sie möchten Sicherheit im Leben. Sie ließen sich in Ihrer Berufswahl von familiären Beeinflussungen leiten, waren früh für andere verantwortlich und konnten erst spät Ihre eigenen beruflichen Wünsche verwirklichen. Sie fühlen sich abhängig und können sich nur schwer entfalten und sich aus Bindungen lösen.

Tip:

Treiben Sie viel Sport, um mehr Vertrauen in sich selbst zu finden.

Alles, was aus der Marsebene kommt, bedeutet Kampf und Auseinandersetzung. Sie müssen viel Kraft und Mühe aufwenden, lernen, sich durchzusetzen, um sich verwirklichen zu können. Erfolg ist Ihnen erst später im Leben möglich, nachdem Sie sich durchgekämpft haben.

Tip:

Überprüfen Sie Ihre Arbeitsweise, Ihre Denkweise, Ihr Verhalten. Dort liegt der Kampf in der Regel begründet.

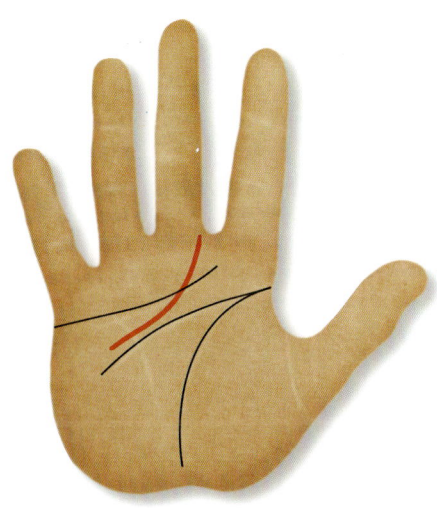

Schicksalslinie

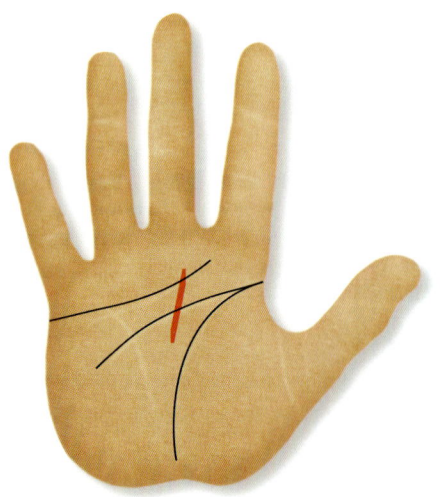

Sie hatten in den ersten Berufsjahren Schwierigkeiten, Fleiß, Lernen, Wissen und Können in einen harmonischen Einklang zu bringen und Verantwortung zu tragen. Es fehlt Ihnen an der nötigen Weitsicht und Zielgerichtetheit. Sie brauchen länger als andere, um zu Ihrem Ziel zu kommen. Erst etwa ab der Lebensmitte finden Sie Ihre Richtung.

Sie verfügen über ein freies, intellektuelles Denken, was körperliche, materielle und äußere Dinge angeht.

Sie verwerten eigene Ideen und Vorstellungen.

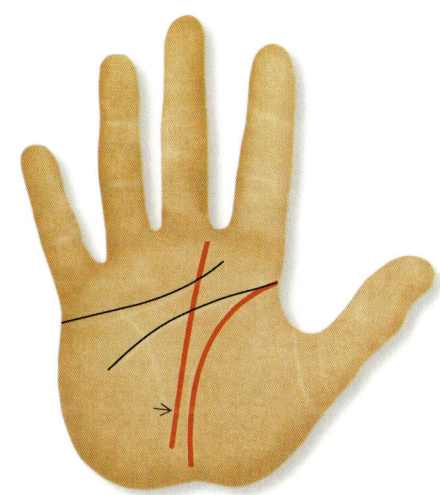

Schicksalslinie

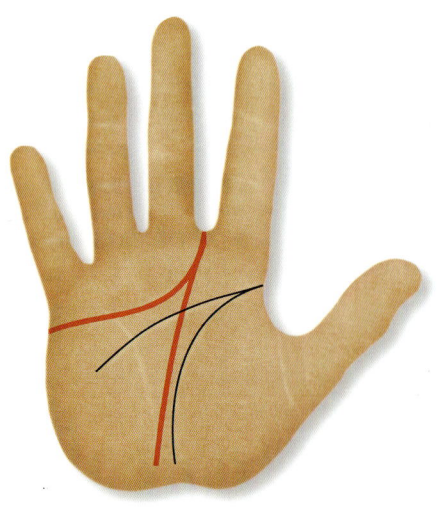

…und führt sie hoch zwischen Zeige- und Mittelfinger (= Saturn-Herzlinie).

Der Jupiterberg/Selbstbewußtsein steht frei und stark da. Sie haben Angstgefühle, die von Schuldgefühlen herrühren. Sie haben ein starkes äußeres Auftreten. In Wirklichkeit haben Sie Minderwertigkeitsgefühle, aus denen Unsicherheit entsteht, sich selbst und anderen nicht zu genügen.

Schicksalslinie

Ihr Kopf filtert zuerst alle Entscheidungen und läßt Ihre wahren Gefühle (zur Herzlinie) nicht durch. Sie entscheiden sehr viel nur nach Ihrem Verstand, nach rationalen Erwägungen und nutzen Ihre eigene Intuition zu wenig. Es fällt Ihnen schwer, Ihr Leben weitblickend und zu Ihrem inneren Seelenfrieden zu planen. Mündet die Schicksalslinie harmonisch in die Kopflinie ein, entsteht konzentrierte Energie und eine starke Eigenwilligkeit.

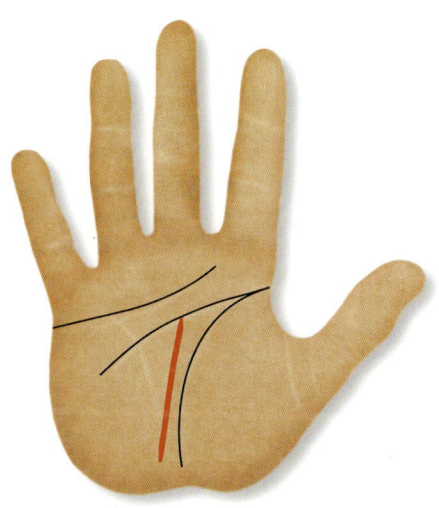

Schicksalslinie

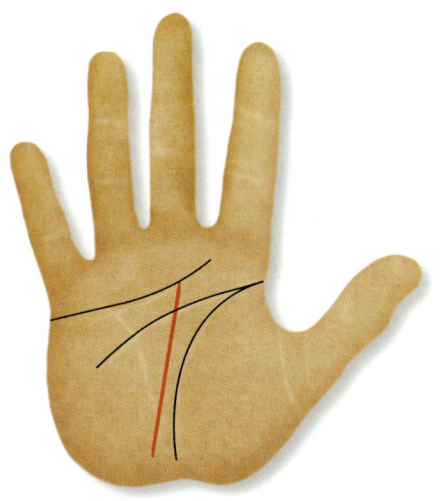

Emotionen und Gefühle spielen eine starke Rolle in Ihrem Berufsleben. Dies könnte Ihr Fortkommen behindern, da Sie sich bei Schwierigkeiten gerne zurückziehen. Zu unterscheiden ist die Schicksalslinie, die nicht an der Herzlinie endet, sondern in diese einmündet. Ist dies der Fall, wird Ihr äußeres Wirken nur noch von Gefühlen bestimmt. Dann können Sie sogar zugunsten Ihres Herzens auf eine Karriere verzichten.

Schicksalslinie

Sie besitzen Verantwortung, Ehrgeiz und ein natürliches Maß an Autorität. Sie brauchen viele Menschen um sich, um wirken zu können. Für Führungspositionen sind Sie sehr geeignet. Sie haben eigene Vorstellungen und geben sich Ihrer Arbeit völlig hin. Diese Linie findet man oft bei Ärzten oder Stadt- bzw. Gemeinderäten.

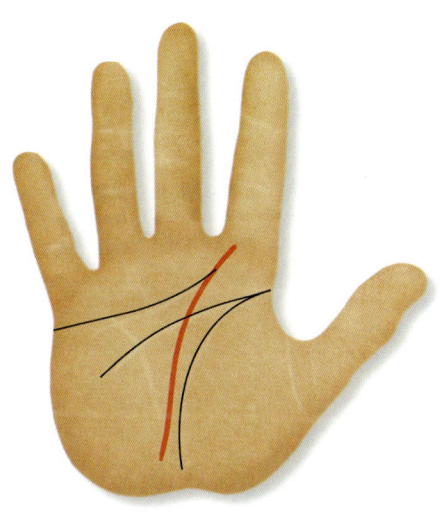

105

Schicksalslinie

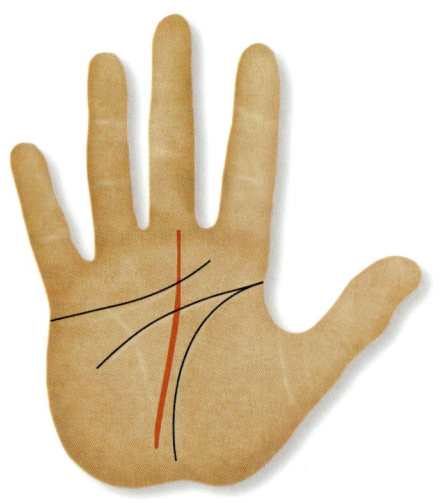

Sie wissen, was Sie vom Leben erwarten und gehen Ihre Arbeit mit Strebsamkeit und Ausdauer an. Wirtschaftlich möchten Sie ein gesichertes, angemessenes Einkommen, um keine materiellen Einschränkungen hinnehmen zu müssen. Dafür tun Sie etwas. Sie sind aufrichtig und vertrauenswürdig. Man glaubt Ihnen, was Sie sagen, und Sie können andere führen. Glück und Ehren sind Bestandteile Ihres Lebens.

Sie nehmen die Berufswelt und das Leben allgemein von der leichten, heiteren Seite und verfügen über die dazu notwendigen Fähigkeiten und Eigenschaften. Durch Ihre frische Lebensart sind Sie bei Ihren Mitmenschen gern gesehen und beliebt. Eventuell hat Ihr Beruf einen künstlerischen Einschlag. Sie sind mit Ihrem Tun rundum zufrieden.

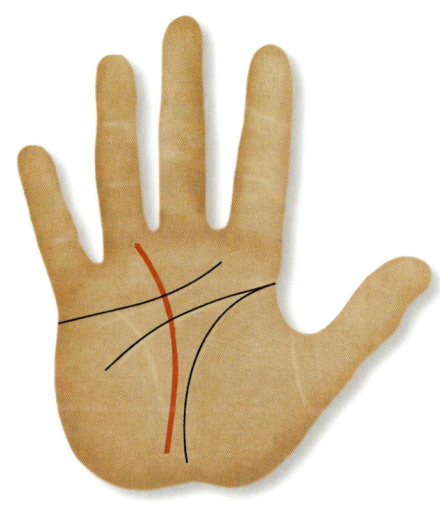

Schicksalslinie

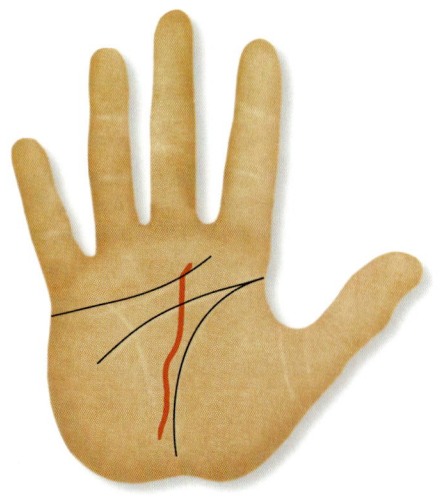

Pflicht und Verantwortung sind Ihnen ein Greuel. Sie bleiben nicht bei der Sache und weichen Hindernissen aus. Das ist Ihrem Weg zur Selbstverwirklichung hinderlich. Ihre Aufgaben erledigen Sie nicht immer mit der nötigen Sorgfalt.

Tip:

Setzen Sie sich ein Ziel und unterteilen Sie dieses Ziel in kleinere Schritte. Gehen Sie dann Schritt für Schritt vor. So fällt es Ihnen leichter, eine Sache auch zu Ende zu führen.

Vervielfachung

Sind die mehrfachen Linien dünn/schwach, ist das wie eine schwache Schicksalslinie zu deuten (siehe dort). Ihrem Leben fehlt die Zielrichtung.

Ist die Vervielfachung deutlich und klar, haben Sie die Anlage zu bedeutenden Fähigkeiten und großer Arbeitskraft. Die Gefahr liegt in Ihrer Sprunghaftigkeit und Ablenkbarkeit, die Ihre Energie zersplittern. Nebenlinien können auch Lebens- oder Geschäftspartner bedeuten.

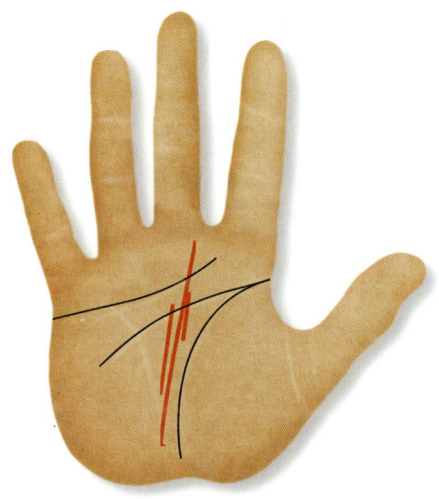

Schicksalslinie

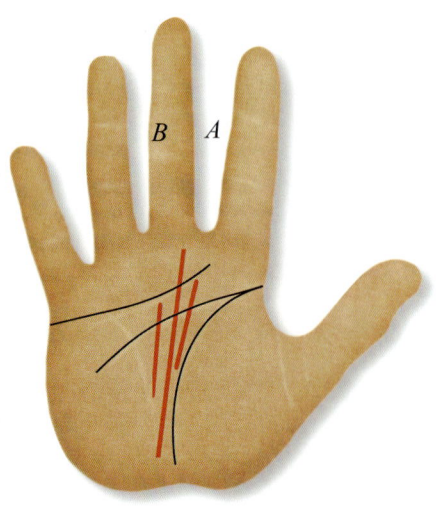

A:

Linien, die Richtung Daumen verlagert sind:
Die Veränderungen und der Neubeginn beziehen sich auf Ihre Person, Ihre Gedanken, Ihre Überzeugungen, Familie, Häuslichkeit.

B:

Linien, die Richtung Handkante verlagert sind:
Äußerliche Veränderungen im Beruf, ferne Länder, Öffentlichkeit.

Schicksalslinie

Sie leben in beruflichen Dingen instinktiv und für den Augenblick. Sie haben kein Bedürfnis, weit in die Zukunft zu planen. Sie haben keine festen Standpunkte. Die Gefahr liegt in der Beeinflußbarkeit, weil Ihr eigener Wille in diesen Dingen nicht sehr stark ist. Es fällt Ihnen schwer, sich auf Ihrem Lebensweg zu behaupten und Verantwortung zu übernehmen. Sie lassen Dinge lieber geschehen. Fehlende Schicksalslinien findet man auch beim intuitiven Menschen oder Medium.

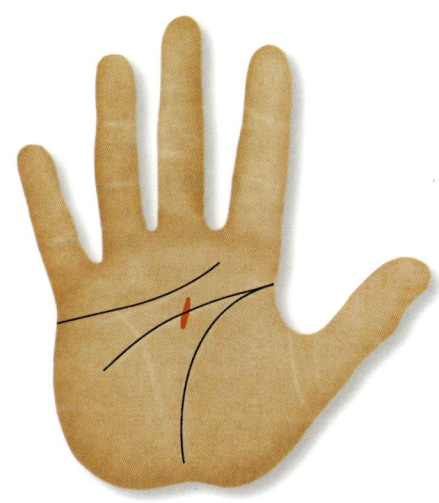

Schicksalslinie

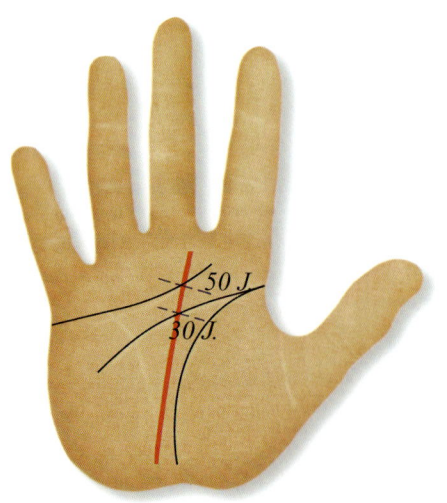

Auf der Schicksalslinie zeigen sich am deutlichsten Veränderungen (Brüche, Inseln etc.), die man zeitlich gut einordnen kann. Die Schicksalslinie wird von unten nach oben gelesen. Unter- und oberhalb der 30er Marke läßt sich mit Hilfe einer Lupe Jahr für Jahr an den Papilarlinien bis zur Schnittlinie, Insel o. ä. abzählen. Die Anzahl der Papilarlinien wird entsprechend zu 30 oder 50 hinzu addiert oder abgezogen.

Apollolinie

Sie liegt zwischen Ringfinger und Lebenslinie. Oft nur oberhalb der Herzlinie sichtbar. Sie finden die Apollolinie nicht in jeder Hand. Bei Vorhandensein sind Sie kreativ und besitzen Talente, die Sie glücklich und zufrieden machen und Ihr Leben bereichern. Sie möchten diesen Begabungen Ausdruck verleihen.

Je länger und gerader diese Linie ist, umso stärker ist die Energie, Ihre Talente aktiv zu leben.

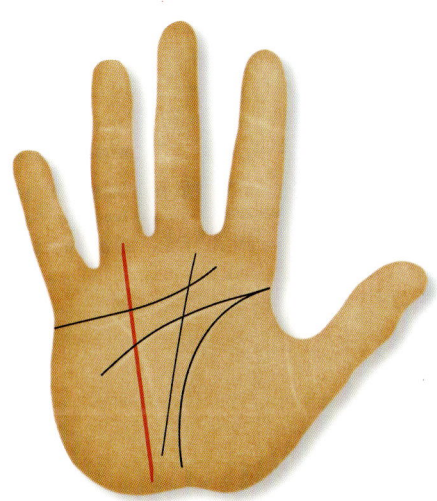

Apollolinie

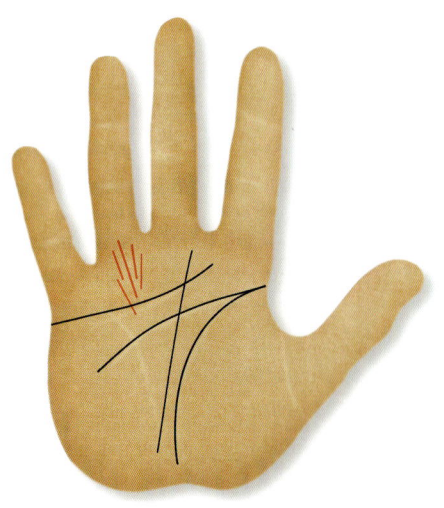

Sie haben Freude an künstlerischen Tätigkeiten und haben vielfache Interessen in diesem Bereich. Allerdings besteht die Gefahr,
daß sich Ihre Begabungen zersplittern. Ist die
Schicksalslinie gleichzeitig deutlich und klar,
mildert sich die Zersplitterung entsprechend.
Sie sind anpassungsfähig und einfühlsam.

Apollolinie

Ihr schöpferisches Talent macht sich vor allem in großem Feingefühl bemerkbar. Außerdem gehören Sie zu den Idealisten.

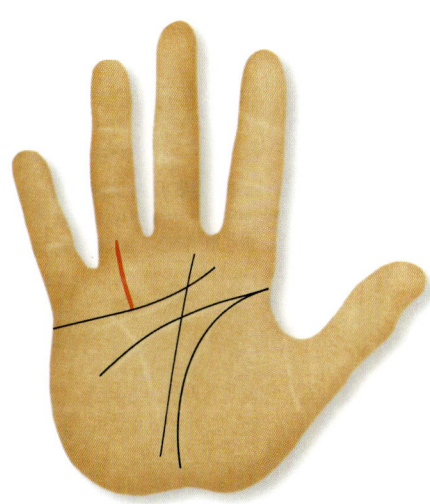

Apollolinie

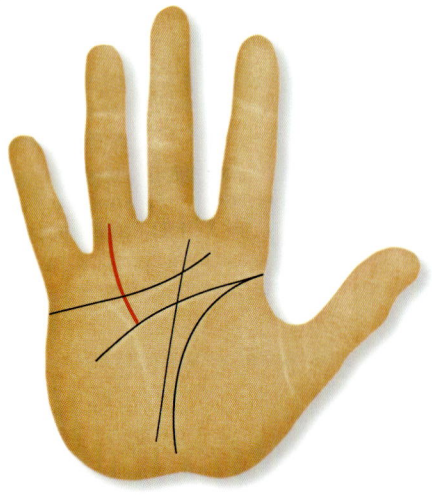

Ihre künstlerische Veranlagung drückt sich eher in intellektuellen Fähigkeiten aus und wird in diesem Bereich begünstigt.

Apollolinie

Sie gehen mit viel Tatkraft ans Werk. Sie wollen einfach Glück im Leben haben. Sie beweisen Mut. Sie befassen sich gern mit psychologischen Fragen, da Sie gegen allerlei Angriffe zu kämpfen haben.

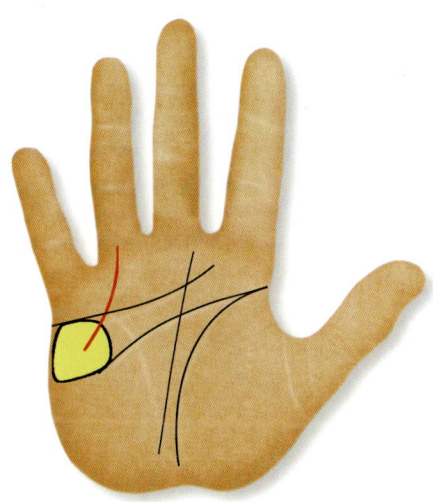

Apollolinie

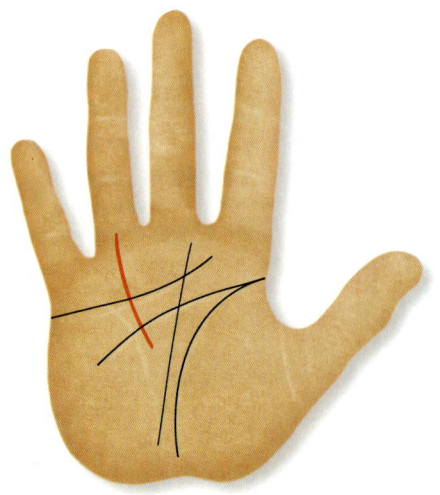

Eine Apollolinie, die aus der Marsebene (Hand-mitte) aufsteigt, zeigt, daß sich Ihr Wunsch nach Vervollkommnung verwirklichen läßt – trotz mancher Rückschläge, die Sie auf dem Weg zu Ihrem Ideal einstecken müssen. Sie spüren eine innere Energie, die Sie voran-treibt.

Sie besitzen ausgeprägte Talente und spüren den starken Drang, diese in Ihr Leben zu integrieren. Wenn Ihre Kreativität in die richtigen Bahnen gelenkt wird, verspricht sie Glück und Wohlstand. Ihre künstlerische Veranlagung liegt wahrscheinlich in Ihrer Familie begründet.

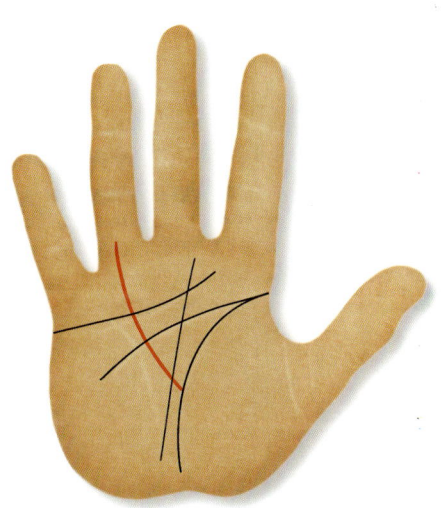

Apollolinie

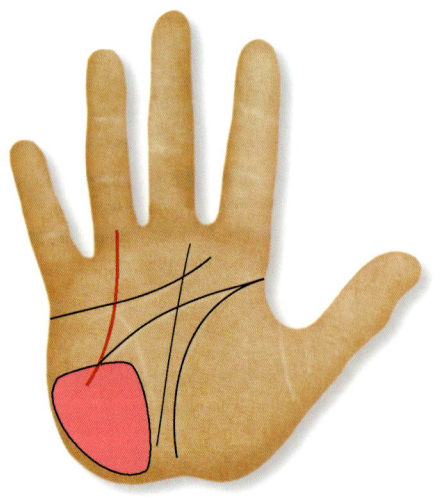

Der Mondberg steht für künstlerische Fähigkeiten, schöpferische Berufe oder Tätigkeiten, Liebhabereien, Literatur. Befindet sich der Anfang der Apollolinie im Mondberg, verstärkt sich die Kraft. Sind Kopflinie und Schicksalslinie gut ausgebildet, haben Sie die Möglichkeit, im schöpferischen Bereich erfolgreich zu sein.

Apollolinie

Ihre künstlerische Begabung geht in Richtung Reden und Schreiben. Dadurch besitzen Sie intellektuelle Fähigkeiten, die Voraussetzung sind für Berufe wie Schauspieler, Schriftsteller, Tänzer, Dekorateur, Händler.

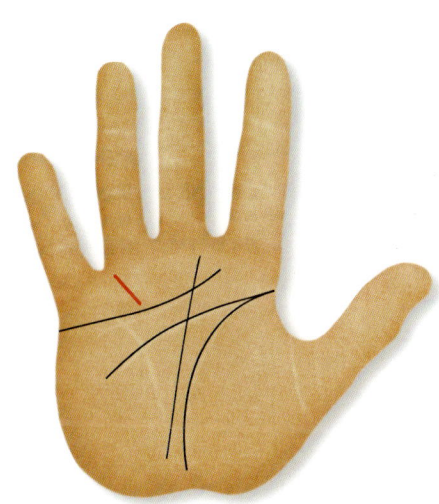

121

Apollolinie

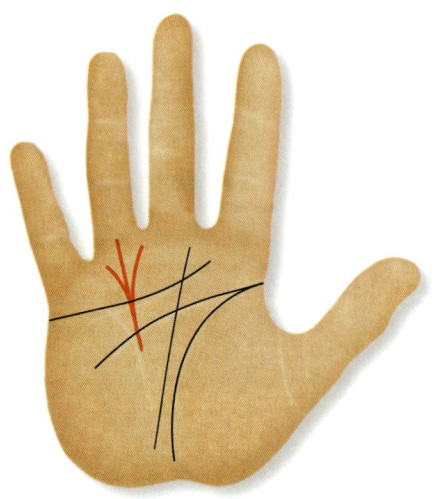

Endet die Apollolinie sowohl Richtung Merkur- als auch Saturnfinger, haben Sie verschiedene Talente – sowohl praktische als auch solche, die mit Reden und Schreiben zu tun haben.

Merkurlinie

Die Merkurlinie wird von unten nach oben gelesen und verläuft von der Lebenslinie bis zum kleinen Finger. Diese Linie ist selten gerade und an einem Stück, in der Regel findet man sie nur zerstückelt vor. Sie steht für Sensibilität und geistige Beweglichkeit, Ihre Intuition und Ihr Einfühlungsvermögen.
Haben Sie eine schwache Lebenslinie, dafür jedoch eine gut ausgebildete Merkurlinie, gleicht dies die Schwächung aus.

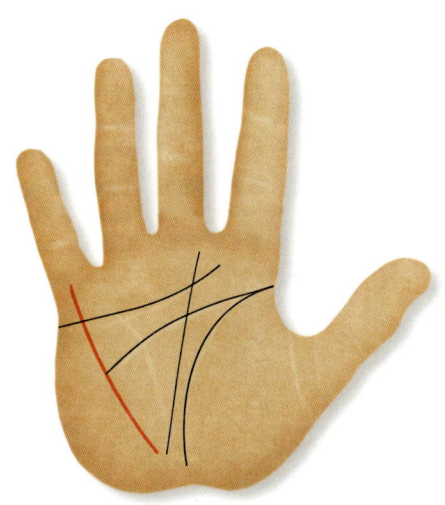

Merkurlinie

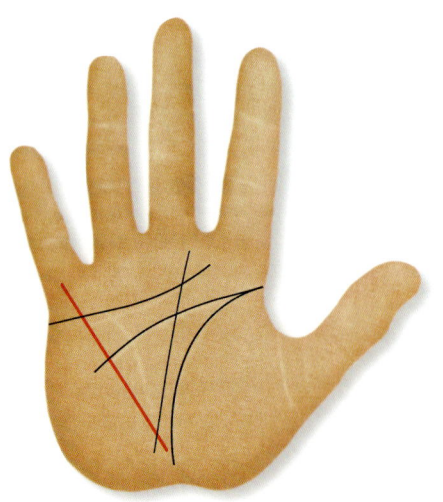

Sie haben eine ausgezeichnete Gesundheit. Sie können sich hervorragend in andere Menschen einfühlen, haben psychologisches Verständnis und eine gute Menschenkenntnis. Erfolg ist Ihnen in vielen Lebensbereichen sicher. Haben Sie eine eher schwache Lebenslinie, gleicht eine starke Merkurlinie diesen Nachteil wieder aus.

Merkurlinie

Sie haben kein echtes Interesse daran, die größeren Zusammenhänge zwischen ihrem erdverbundenen Leben und einer spirituellen Sichtweise zu ergründen. Sie leben so, wie es in aller Regel von Ihnen und der Menschheit im allgemeinen erwartet wird. Allerdings besitzen Sie eine robuste Gesundheit.

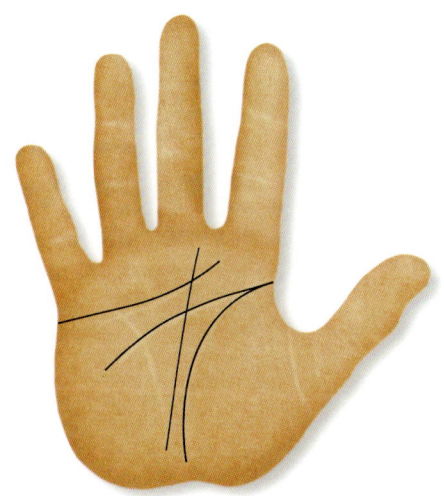

Merkurlinie

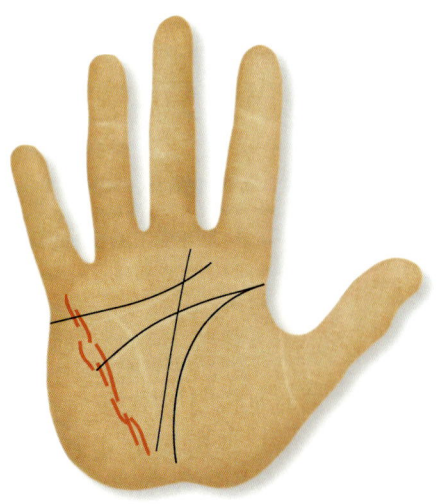

Sie sind sehr feinfühlig, haben aber Probleme, die vielfältigen Eindrücke in eine geordnete
Richtung zu bündeln. Sie spüren in Ansätzen
Ihre Intuition, sind aber immer auf einer un-
bestimmten Suche.

Merkurlinie

Sie haben hellsichtige bzw. mediale Begabungen. Sie wissen Dinge, die einfach in Ihnen vorhanden sind. Sie empfinden diese be-
sondere Begabung oft auch als Belastung. Ihre
Konstitution könnte eventuell geschwächt
sein.

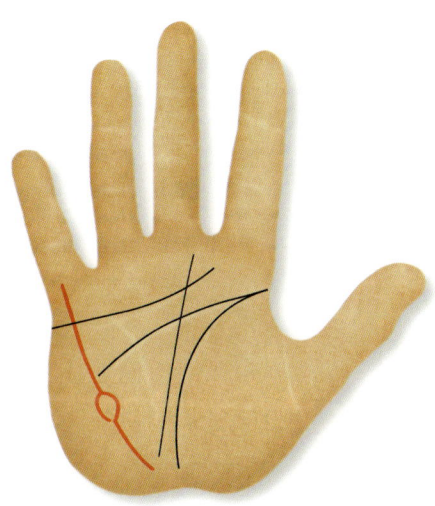

Merkurlinie

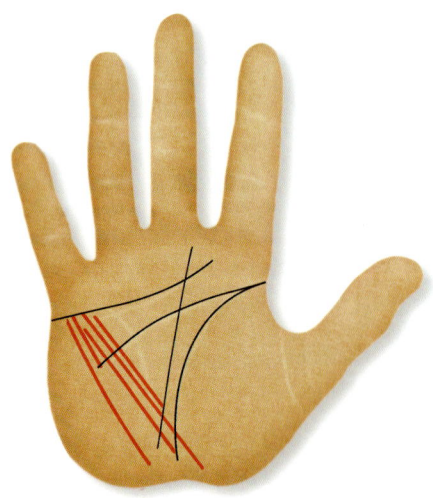

für die Aussage: Wie denke ich?

...im Mondberg:
Feinfühlig, phantasiebegabt,
oft ungewöhnliche Persönlichkeit.
...in Lebenslinie:
Eher unselbständiges Denken.
...zwischen Lebensl. und Mondb.
Vernünftige, klare Einstellung.
...aus Venusberg:
Abhängig von Gefühlen.
...in Saturnlinie:
Kühle, sachliche Entscheidung.
...in Kopflinie:
Gute Verstandeskräfte, ruhelos.

Intuitionslinie
Uranuslinie

Diese Linie findet sich sehr selten und steht für verfeinerte Schwingungen. Sie könnten eine Art Medium sein. Sie wissen oft Dinge, ohne eigentlich zu wissen, woher Sie dieses Wissen haben. Sie besitzen eine rasche Auffassungsgabe und ein gutes Einfühlungsvermögen. Sie spüren eine gewisse Ungeduld und haben einen Hang zum Fanatismus.

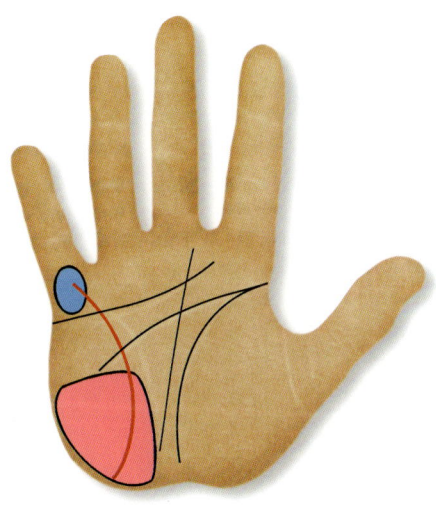

Nebenlinie

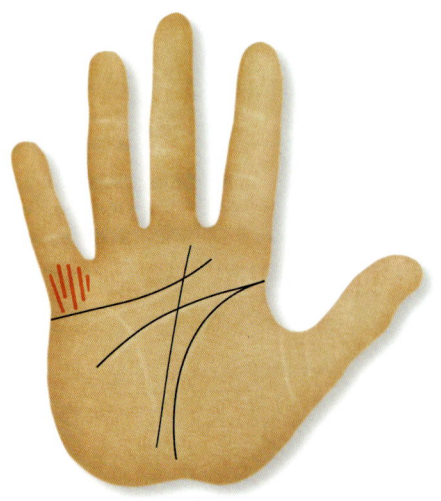

Sie sind vielseitig im Denken, und vieles beschäftigt Sie zur gleichen Zeit. Allerdings haben Sie es dadurch schwer, die Dinge gründlich zu machen und sie auch zu Ende zu führen. Andererseits bedeuten diese Linien, daß Sie ein gutmütiger, mitfühlender und hilfsbereiter Mensch sind. Sie eignen sich besonders für medizinische Berufe.

Nebenlinie

Diese Linie hat mehrere Aussagen und es ist schwer, die richtige zu finden. Einerseits drückt sie mediale Fähigkeiten und spirituelle heilkräftige Ausstrahlung aus. Zumindest haben Sie einen außergewöhnlichen Zugang zur Psyche. Andererseits könnten Sie mit Arzneimitteln oder Umweltgiften belastet oder allergieanfällig sein.

Bei Kindern zeigt sich oft Hyperaktivität (aufgrund von Allergie- oder Giftbelastung).

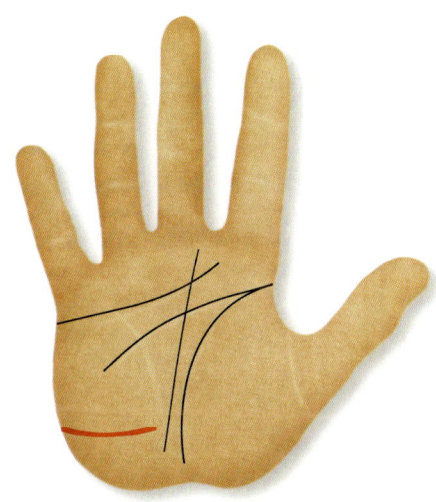

131

Nebenlinie

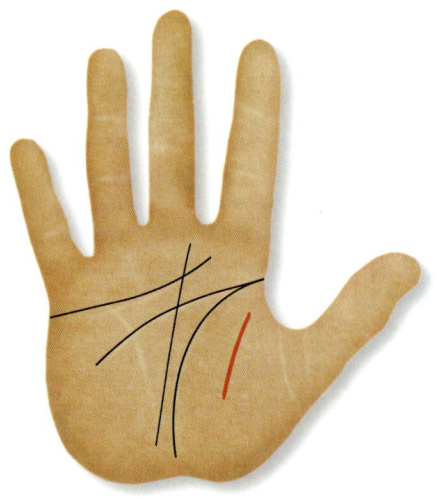

Der Unterschied zur doppelten Lebenslinie liegt darin, daß die Marslinie nicht in harmonischem Bogen zur Lebenslinie verläuft. Sie sind aktiv und unternehmungslustig, dadurch aber auch verstärkt reiz- und erregbar, da Sie recht eigensinnig und zornig sein können.

Nebenlinie

Der Venusgürtel verläuft im Bogen vom Zeigefinger zum kleinen Finger. Man muß den Verlauf des Venusgürtels genau betrachten. Ein gut ausgebildeter Venusgürtel ist äußerst selten. Da er sich im geistigen Teil der Hand befindet, drückt er eine sehr hohe geistige Entwicklung aus. Sie fühlen sich im Einklang mit den Naturgesetzen und sind sich Ihrer selbst sehr bewußt.

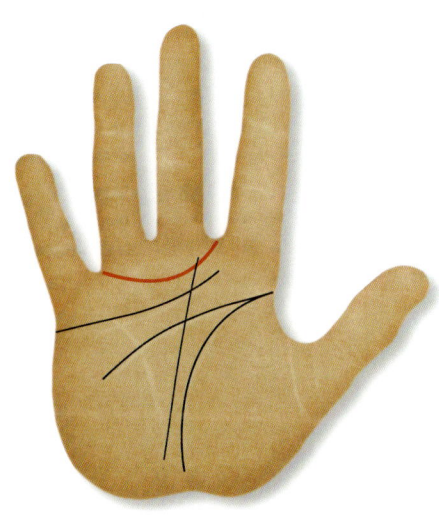

Nebenlinie

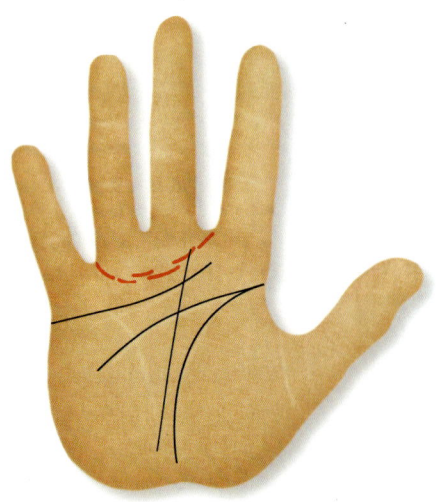

Oft finden sich nur Teile bzw. Bruchstücke davon unter dem Ring- oder Mittelfinger. Sie gehören zu den nervösen Menschen, die sich gerne stressen lassen und immer auf der Suche sind, ohne diese Suche genau definieren zu können.

Ihre Partnerbeziehungen gestalten sich recht turbulent.

Mehrere Linien auf dem Mondberg und dem großen Marsberg bedeuten, daß Sie viel reisen, vor allem ins Ausland. Sind die Linien klar, haben Sie nichts bei Ihren Reisen zu befürchten. Gibt es Brüche, Schnitte oder gar Sterne auf diesen Linien, haben Sie mit Schwierigkeiten auf Reisen zu rechnen.

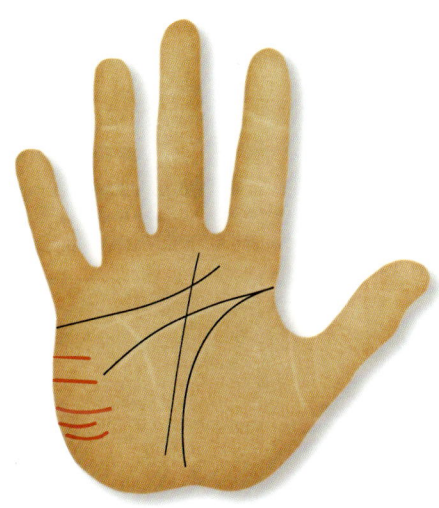

Nebenlinie

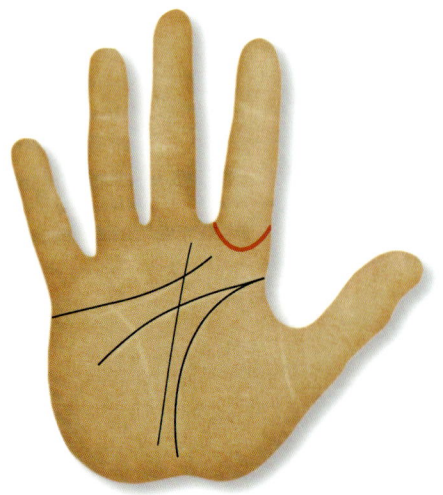

Sie haben ein ausgeprägtes, gesundes Selbstbewußtsein, das sich durch nichts erschüttern läßt. Diese unerschütterliche Kraft wurde Ihnen mit auf den Weg gegeben. Der Ring ist symbolisch als Schutz für Ihr Selbstbewußtsein anzusehen.

Allerdings ist dieser Ring selten zu finden.

Bindungslinie

Diese Linien zeigen, wieviel ernsthafte Beziehungen man im Leben hat, die in der persönlichen Entwicklung wichtig sind oder waren. In der Regel sind es 1-3 Linien. Die Form der Linie sagt etwas darüber aus, wie Sie mit Beziehungen umgehen. Man kann den Beginn der Beziehung relativ gut ausrechnen. Beginn/Herzlinie 10. Lebensjahr, Kleinfingerbeuge 60. Lebensjahr, Mitte ca. 30. Lebensjahr.

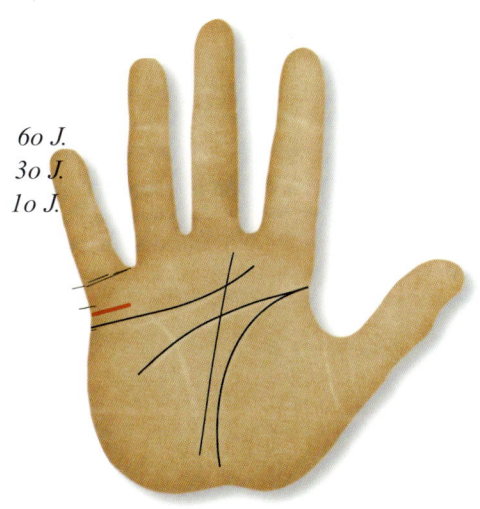

60 J.
30 J.
10 J.

Bindungslinie

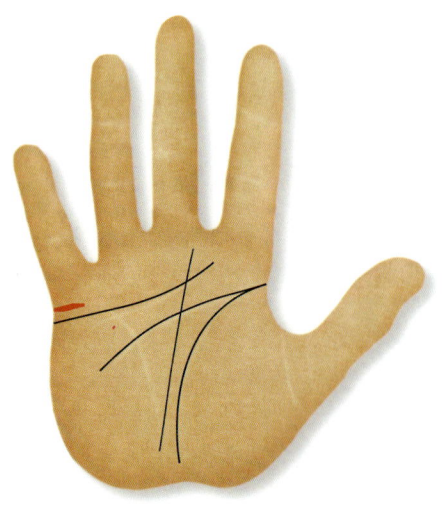

Sie finden Ihre Erfüllung im Beruf und in Ihren Hobbys. Eine echte, tiefe Bindung wünschen Sie sich zwar manchmal, aber im Grunde sind Sie mit Ihrem Berufsleben vollauf zufrieden. Beziehungen dauern bei Ihnen nie lange an, und es fehlt diesen Beziehungen an Tiefe.

Bindungslinie

Sie sind in der Lage, eine harmonische, monogame und natürliche Beziehung zu führen. Ihre Beziehungen laufen in klaren Bahnen. Ist die Linie sehr kurz, sind Ihre Beziehungen entsprechend kurz und intensiv.

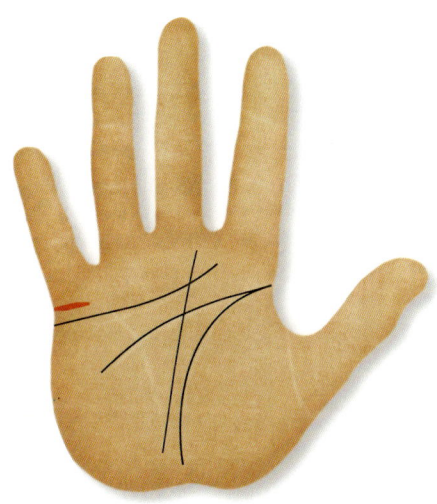

Bindungslinie

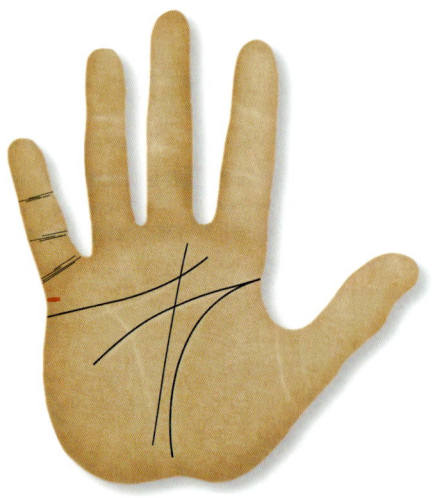

Entsprechend kurz und intensiv sind Ihre Beziehungen. Sie sind ein Mensch, dem Affären mehr liegen.

Bindungslinie

Dünne,
zerrissene Linie

Sie haben unbeständige und unruhige Beziehungen, die nie allzulange andauern.

Tip:
Versuchen Sie in Ihrem Leben sinnvolle Aufgaben zu finden, die Sie erfüllen. Dies erspart Ihnen unnötige Enttäuschungen in Liebesdingen.

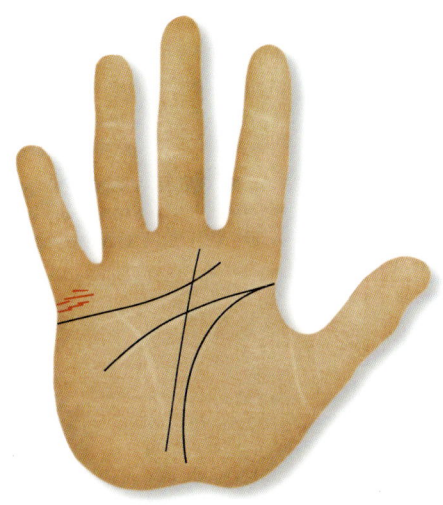

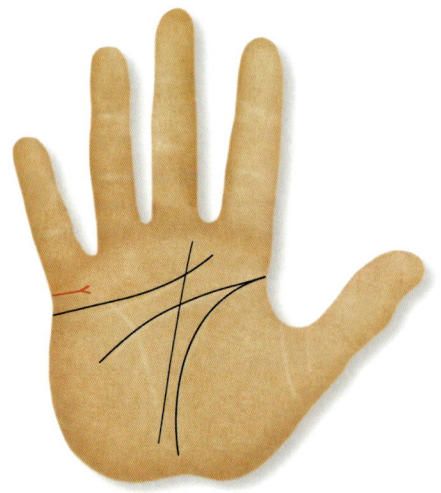

Es besteht die Möglichkeit, daß Sie sich zu einem bestimmten Zeitpunkt wieder von Ihrem Partner trennen.

Sie nehmen Ihre Beziehung leicht. Schwierigkeiten schaffen Sie relativ schnell aus der Welt.

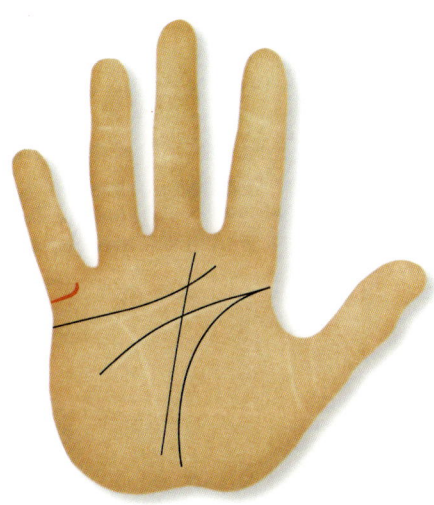

Bindungslinie

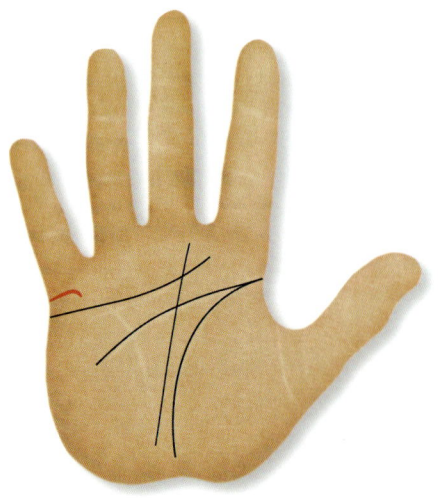

Diese Linienform findet man häufig. Beziehungen nehmen Sie ernst. Probleme in einer Partnerschaft machen Ihnen lange zu schaffen.

Bindungslinie

Wellig

Sie vertreten keine klare Linie in Ihren Beziehungen, legen sich ungerne fest und haben, wenn es sein muß, immer Ausflüchte parat. Man kann sich auf Sie nie ganz verlassen.

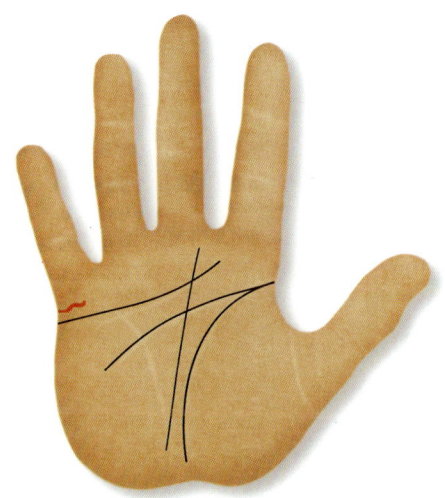

Bindungslinie

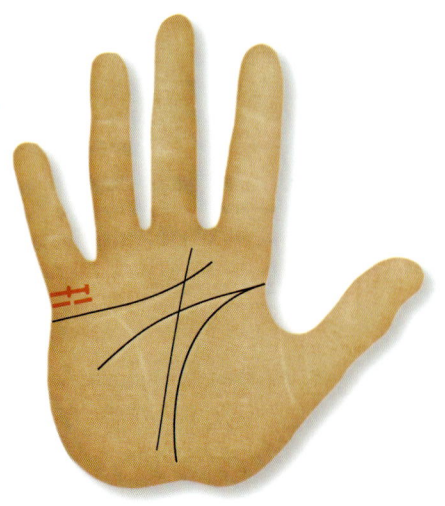

Die Beziehung erfährt einen deutlichen Bruch. Ein Weiterbestehen ist nur möglich, wenn sich grundlegende Dinge in dieser Beziehung ändern.

Durchschneidungen bedeuten ebenfalls ein Hindernis, durch Krankheiten, Charaktereigenschaften o. ä. Endet die Linie an der Schnittlinie, wird die Beziehung aufgrund dieses Hindernisses beendet.

Allgemein

Das Nagelglied zeigt die Willenskraft, Entschlußkraft und Anpassungsfähigkeit. Das 2. Glied das Maß der Vernunft, ob wir intuitiv, aggressiv oder unsicher handeln. Ihr Leben wird vom Maß Ihres Willens und vom Maß Ihrer Vernunft geprägt, je nach dem, welches Glied länger ist. Sind beide Glieder gleich, setzen Sie sich mit der Vernunft durch.

Verstand und Wille sind es letztendlich, die unser Entwicklungspotential ermöglichen.

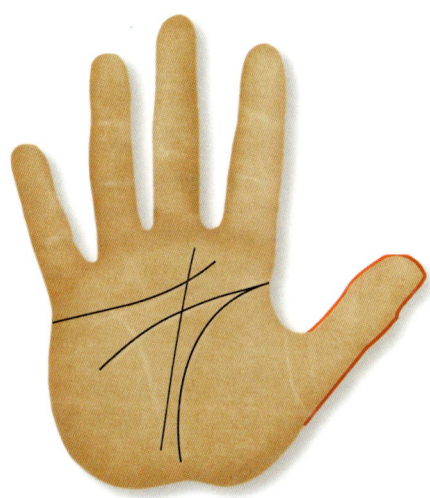

Daumen

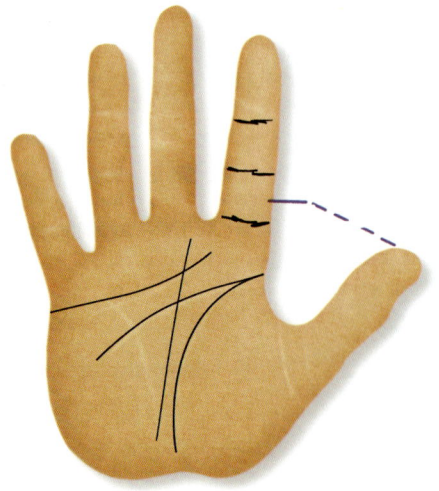

Beim Anlegen des Daumens reicht die Daumenspitze bis zur Mitte des ersten Zeigefingergliedes.

Vernunft und Wille stehen in einem ausgewogenen Verhältnis. Sie erreichen, was Sie wollen, und berücksichtigen dabei auch die Wünsche Ihrer Mitmenschen.

Daumen

Man muß die Proportion des Daumens immer im Verhältnis zur gesamten Hand sehen. Auch ein schmalerer Daumen einer schmalen Hand kann als gut proportioniert gelten eben im Verhältnis zu dieser Hand. Sie sind ein kraftvoller und selbstbewußter Mensch. Ihr Wille und Ihre Vernunft stehen in einem ausgewogenen Verhältnis zueinander. Sie werden aufgrund einer gewissen autoritären Ausstrahlung respektiert.

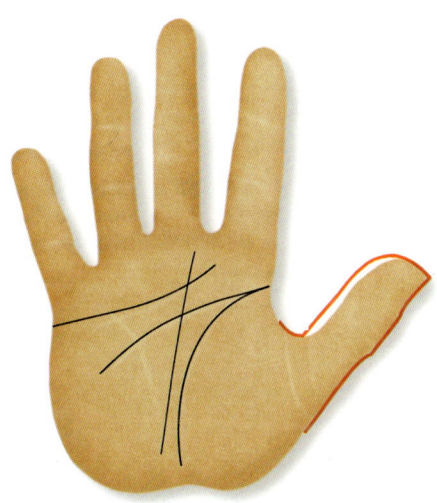

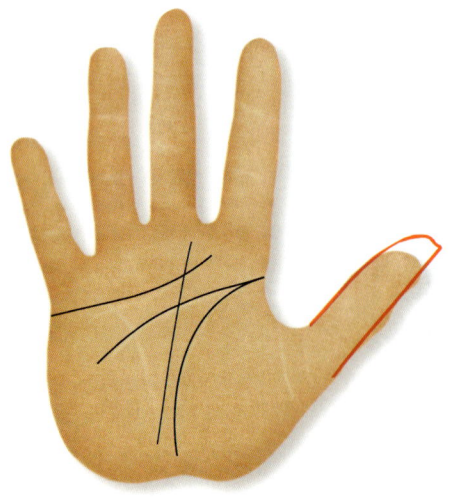

Sie fühlen sich in Ihrer passiv fordernden Rolle ganz wohl, gehen damit Ihren Mitmenschen allerdings ein bißchen auf die Nerven. Sie warten lieber, bis man auf Sie zukommt, als daß Sie selbst aktiv werden. Es mangelt Ihnen an Ausdauer, Sie sind etwas nervös, und die Konstitution könnte etwas stabiler sein.

Sie kritisieren andere wenig. Sollen Sie etwas entscheiden, zögern Sie lange. Sie neigen zur Unentschlossenheit, lassen sich von anderen beeinflussen und ordnen sich lieber unter. Zeigen wenig Begeisterung.

Tip:

Vertrauen Sie sich selbst, öffnen Sie sich für Ihre eigenen tiefsten Intuitionen und handeln Sie danach. Tun Sie das nicht mit dem Kopf, sondern mit Ihrem Gefühl. Auch Sport tut Ihnen gut.

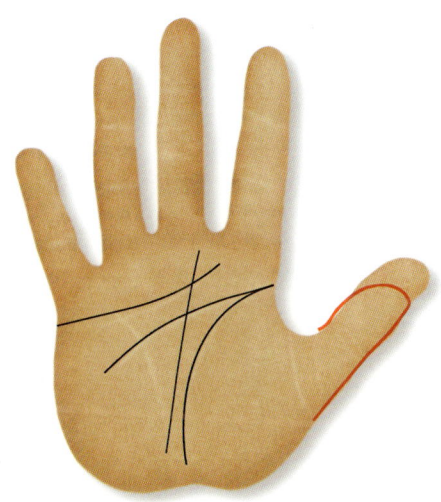

Daumen

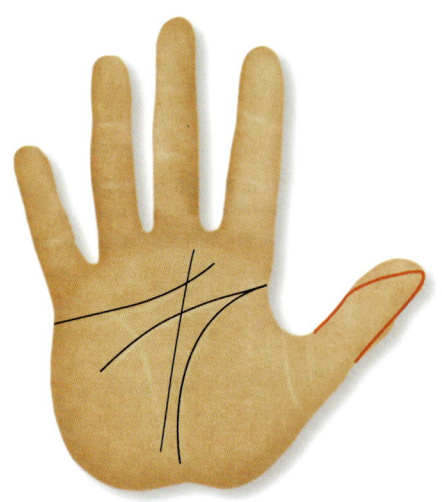

Je spitzer die Daumenspitze, umso mehr läßt die Willenskraft nach. Es fehlt Ihnen an Durchhaltevermögen und Ausdauer. Es fällt Ihnen leicht, sich in Vorgänge hineinzudenken, und Sie handeln diplomatisch.

Tip:

Es läßt sich jedes Ziel erreichen, aber nur durch sorgfältige Vorbereitung – Schritt für Schritt, und keinen Schritt überspringen. So können Sie Ihr fehlendes Durchhaltevermögen ins Gegenteil umwandeln. Üben Sie Beharrlichkeit.

Daumen

Sie besitzen Tatkraft, Selbstvertrauen und haben einen starken Willen, der sich oft über Ihre Vernunft hinwegsetzt. Sie handeln impulsiv, unkritisch und unüberlegt. Ihr Leben besteht oft aus Kampf. Ist das Nagelglied lang, fein geformt und abgeflacht, wird Ihr Wille fein dosierter und diplomatischer eingesetzt.

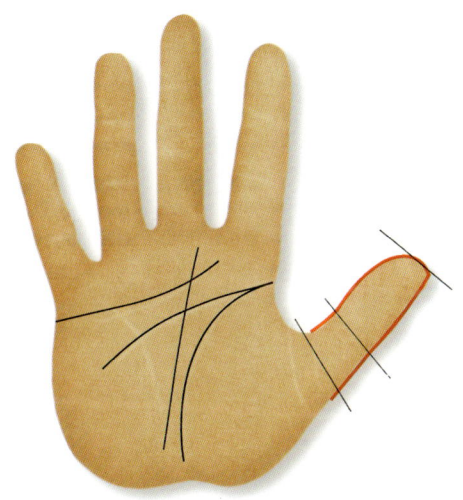

153

Daumen

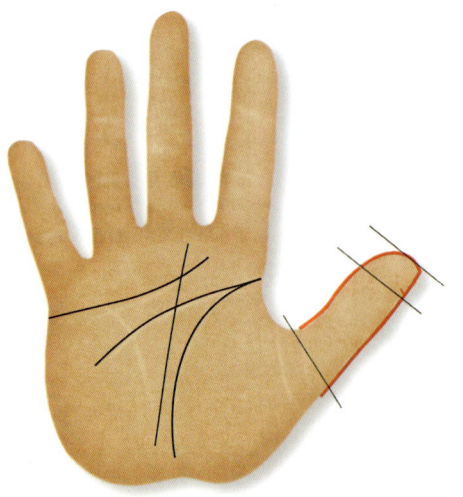

Sie haben viele Ideen, aber es fehlt Ihnen der Wille, diese Ideen auch umzusetzen. Zu viele Wenn und Aber halten Sie davon ab. Sie sehen oft etwas ein, aber der Wille zur Umsetzung fehlt.

Tip:
Um Ideen umzusetzen, bedarf es Kraft, und dafür müssen Opfer gebracht werden. Überwinden Sie Ihre Lethargie, fangen Sie mit einer Idee an, gehen Sie Schritt für Schritt vor und halten Sie durch.

Daumen

Sie gehören zu den eigenwilligen Menschen. Je steifer der Daumen, desto unumstößlicher Ihr Wille. Sie besitzen Ausdauer und Durchsetzungskraft und stehen mit beiden Beinen im Leben. Ist die Daumenspitze abgeflacht, schmälert dies obige Eigenschaften (siehe Text dort).

Geben Sie Ihrem Leben einen Ausgleich, indem Sie manches Mal etwas flexibler handeln und auch mal nachgeben.

Wissenschaftler, Kaufmann.

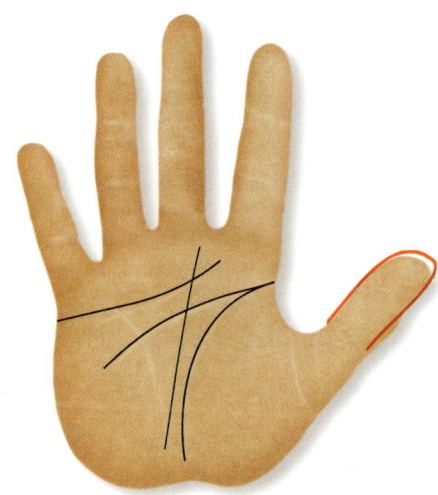

Daumen

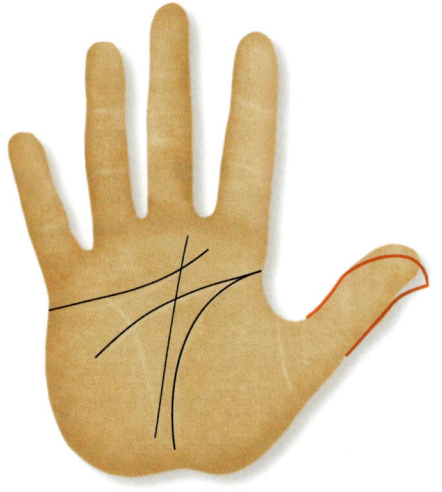

Sie wissen, was Sie wollen. Trotzdem können Sie sich gut den Gegebenheiten anpassen, sind tolerant und aufgeschlossen.

Daumen

Je mehr sich der Daumen nach außen biegen läßt, umso anpassungsfähiger und nachgiebiger sind Sie. Bei Hindernissen im Leben können Sie schnell energielos werden. Sie brauchen ein harmonisches Umfeld. Bei Änderungen stellen Sie sich leichter um, sind gutmütig und freizügig. Es gibt Zeiten, in denen Sie schlichtweg lasch sind.

Kommen Sie mit sich selbst ins Reine. Lassen Sie andere wissen, was Sie fühlen.

Oft bei Künstlern vorzufinden.

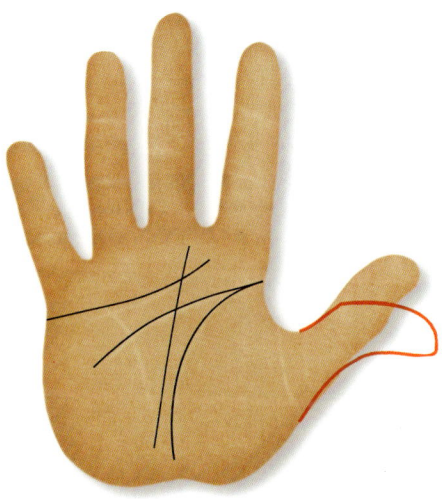

Finger

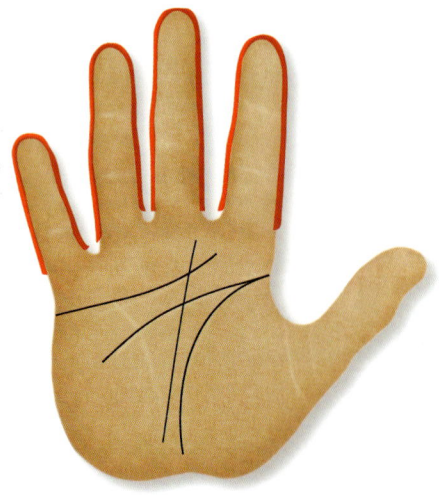

Die Finger stehen für den bewußten wahrnehmenden Teil, der Handteller für den materiellen, stoffbezogenen Teil des Menschen. Je kürzer die Finger, desto instinktiver, also unbewußter wird gehandelt. Je länger die Finger, desto bewußter.

Jeder Finger hat eine andere Bedeutung. Diese Bedeutung wird durch die Länge und die Form des Fingers noch beeinflußt.

Sie sind aktiv und haben gute Eigenschaften. Sie haben vernünftige und klare Auffassungen von den Dingen. Sie fühlen sich sicher, so wie Sie sind.

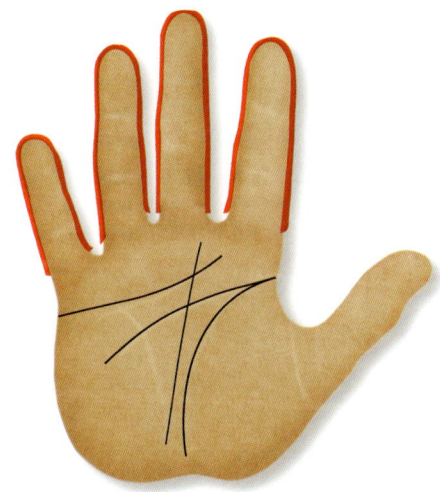

Finger

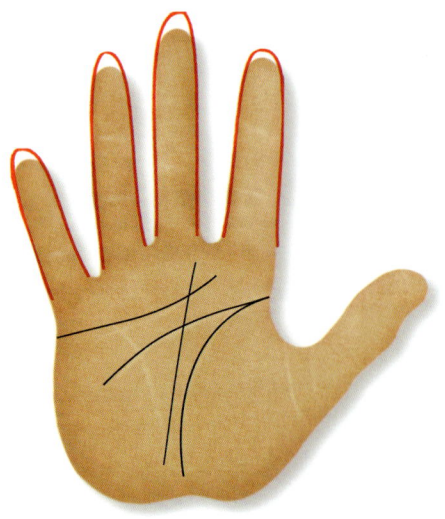

Lange Finger sind wie lange Antennen zu sehen.

Ihr Handeln geht zuerst über Ihr Denken. Dabei gehen Sie bis in Einzelheiten. Sind die Finger sehr lang, könnten Sie den Blick für die Realität verlieren, da Ihnen die Erdverbundenheit fehlt.

Finger

Je kürzer die Finger, umso stoffbezogener sind Sie. Sie handeln eher instinktiv als bewußt entscheidend. Dies hat den Vorteil, daß Sie die Dinge schnell verstehen und umsetzen. Sie geben sich nicht mit Einzelheiten ab, sondern haben eher den Blick für das Gesamte.

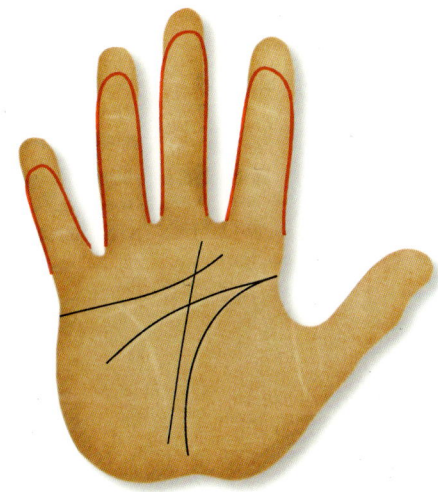

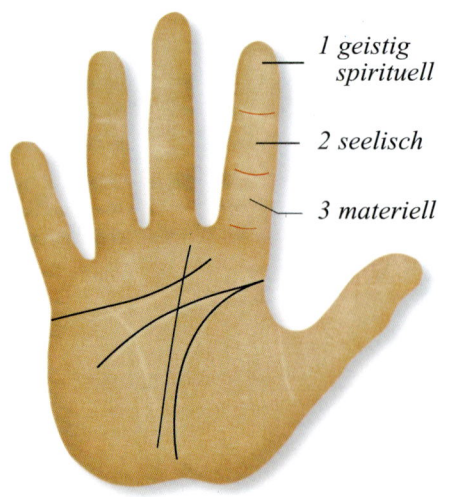

1 geistig spirituell

2 seelisch

3 materiell

Sind einzelne Fingerglieder länger, überwiegt das Prinzip dieses Gliedes. Ist das mittlere Fingerglied zum Beispiel länger, ist der seelische Bereich ausgeprägter.

1 lang: Intelligenz, Sensibilität

1 kurz: unflexibel, instinktiv

2 lang: Organisation, Planen

2 kurz: planloses Handeln

3 lang: setzen ihre Ideen durch

3 kurz: setzen weniger um

In den „Knoten" sitzt die Logik, der Verstand, der Ordnungssinn. Sie müssen alles erst einmal kritisch durchleuchten. Knoten an den oberen Fingergliedern stehen für Geist – Sie prüfen, vergleichen, analysieren. Knoten am unteren Gelenk stehen für Materie – Sie halten Ordnung im Haus, in Ihrem Umfeld. Manchmal sind Sie pedantisch. Sie machen sich zu viele Gedanken über eine Sache.

Mangelnde Spontanität. Perfektionisten. Theoretiker. Es fällt schwer, Intuition zuzulassen.

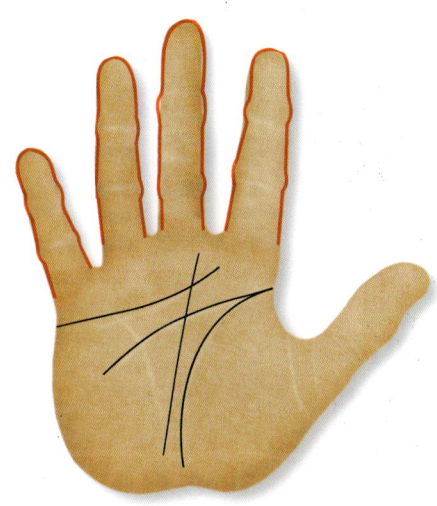

Finger

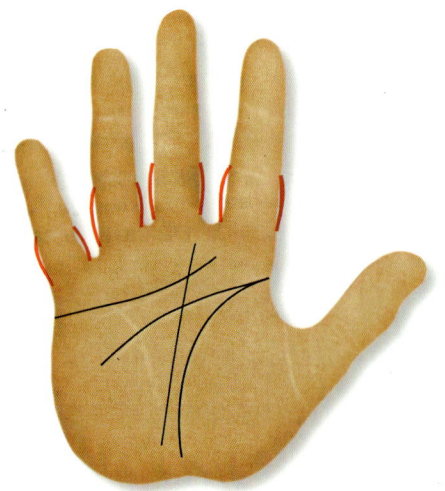

Sie lieben das Leben, lieben gutes und reich-
liches Essen und vergnügen sich gerne. Auch
ein bißchen Luxus gehört dazu. Materielle
Bedürfnisse.
Bei Kindern ist diese Erscheinung besonders
anzutreffen, denn Sie wissen vom Ernst des
Lebens noch nichts.

Finger

(Man kann bei zusammengelegten Fingern hindurchsehen).

Das „gesellschaftliche" Leben sagt Ihnen nicht so viel. Sie sind eher zurückhaltend. Geistige Anregungen sind Ihnen lieber als kulinarische Genüsse.

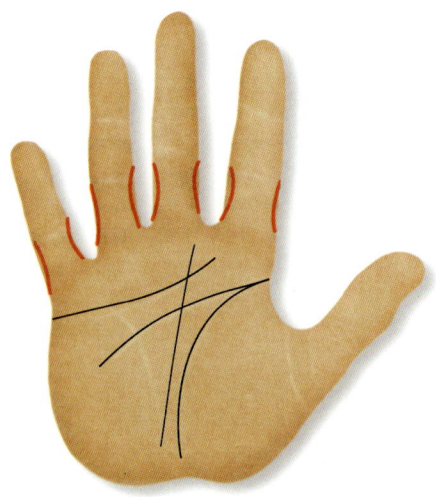

Zeigefinger

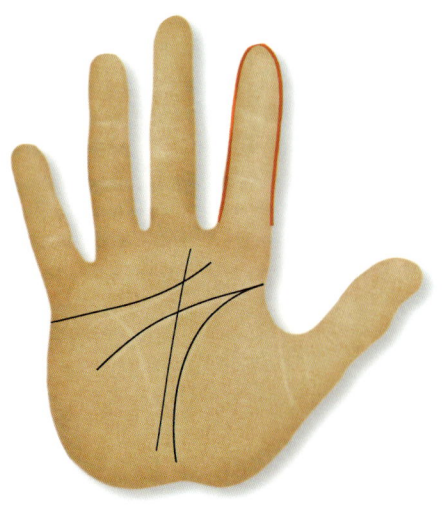

Geltungsanspruch, Stolz und Wahrheitsliebe werden dem Zeigefinger zugeordnet. Bei normaler Länge ist ihr Selbstwertgefühl gut ausgebildet und den Erfordernissen entsprechend anpassungsfähig. Sie können sich gut in der Welt orientieren.

Zeigefinger

Ehrgeiz und Macht bedeuten Ihnen viel. Entschlossen und selbstbewußt gehen Sie an die Dinge heran. Sie übernehmen Verantwortung und besitzen eine natürliche Autorität. Sie lieben die Unabhängigkeit und streben nach innerer Freiheit.

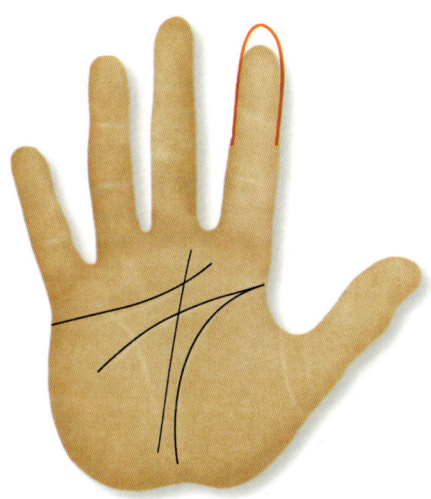

Zeigefinger

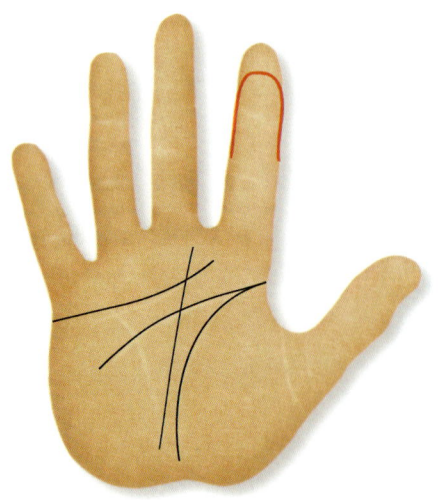

Sie sind bescheiden und ordnen sich lieber unter. Machtkämpfe mögen Sie nicht und setzen sich diesen erst gar nicht aus. Allerdings fühlen Sie sich dadurch oft minderwertig. Vertrauen Sie mehr sich selbst und Ihrer Intuition. Selbstvertrauen entspringt unmittelbarer Erfahrung, die Sie zum Beispiel auch im Sport gewinnen können.

Zeigefinger

Sie lieben das Schöne, Natürliche. Sie glauben, daß es eine höhere Macht gibt, die Mensch, Tier und Natur mit dem Universum verbindet. Das kann Gott sein oder auch eine andere höhere Macht, die es gilt zu achten. Materielle Dinge sind Ihnen nicht so wichtig. Je spitzer der Zeigefinger am Nagelglied zuläuft, je größer ist die Tendenz von Abhängigkeiten anderer Menschen.

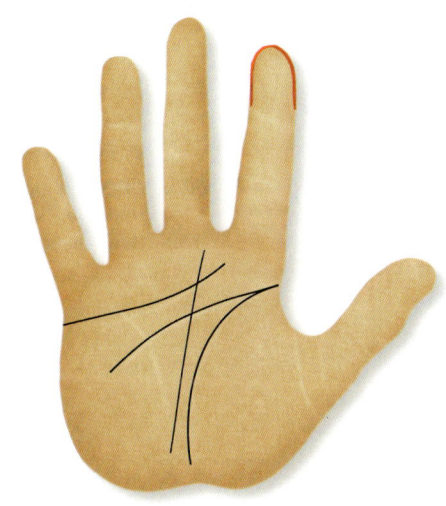

Zeigefinger

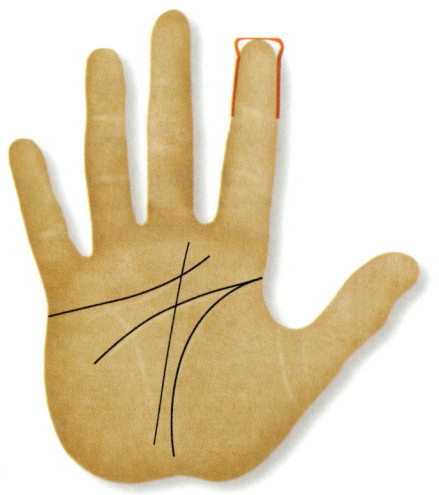

Ihre Denkweise richtet sich nach materiellen Dingen. Sie wollen abgesichert sein und setzen Dinge so um, daß sie Ihnen wirtschaftlich helfen.

Sie sind ewig auf der Suche. Vorliebe für Mystisches.

Sie leben nach Ihrer eigenen Gesinnung und machen sich nicht von Ihrem Umfeld abhängig. Ebensowenig wollen Sie andere Menschen beeinflussen.

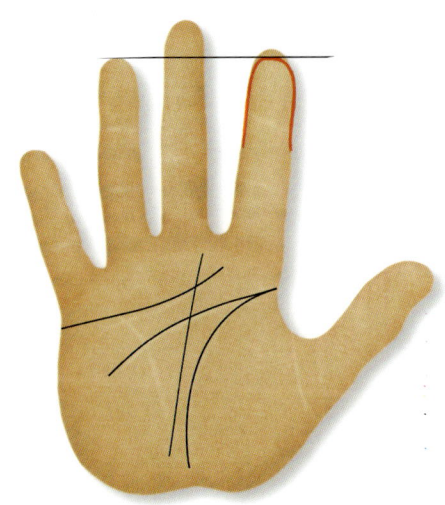

Zeigefinger

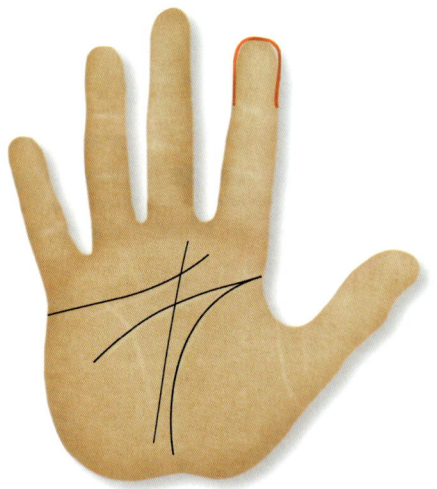

Sie gehen den Dingen auf den Grund und wollen die Wahrheit finden. Auf Sie kann man sich verlassen. Sie kennen Ihre Ziele.

Zeigefinger

Sorgen und Kummer plagen Sie.
Bei Biegung hin zum Mittelfinger, zeigt sich materielles und egoistisches Verhalten.

Tip:

Der gegenwärtige Augenblick hält uns die Wirklichkeit vor, so wie sie jetzt gerade ist und nicht, wie wir sie uns wünschen oder sorgenvoll ausmalen. Im Augenblick selbst haben wir fast nie Probleme. Nehmen Sie diesen Augenblick wahr – jeden Tag.

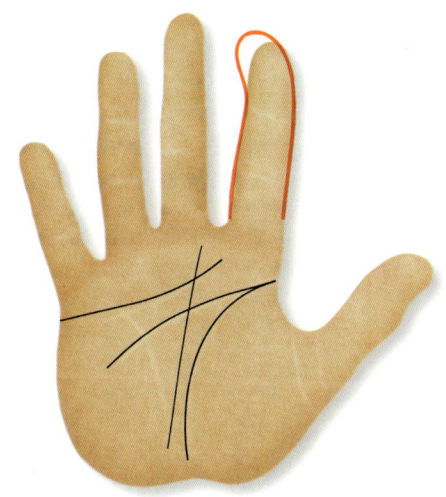

Mittelfinger

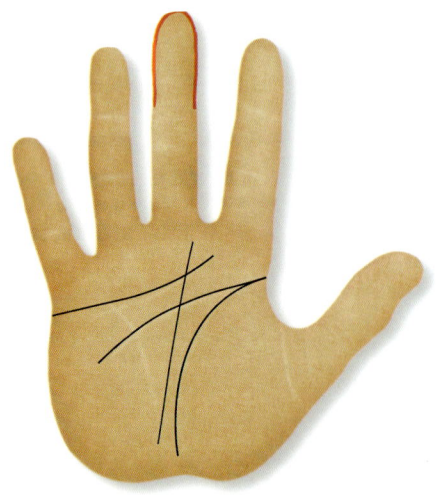

Bei normaler Länge besitzen Sie alles, um mit Ihren Mitmenschen zurechtzukommen. Der Mittelfinger steht für Verantwortung und Pflichtgefühl.

Sie haben ein gutes Gefühl für Verantwortung und Vernunft. Haben Sie neue Ideen, wissen Sie diese im Rahmen der Möglichkeiten umzusetzen.

Mittelfinger

Sie nehmen das Leben schwerer, als es eigentlich ist. Sie machen sich zu viel Gedanken. Dabei haben Sie ständig das Gefühl, nicht gut genug zu sein, machen sich Vorwürfe und haben Schuldgefühle. Sie tragen zu viel Verantwortung. Sie glauben, es wird von Ihnen oft zuviel verlangt. All diese Gefühle und Gedanken lähmen Sie eher, als daß sie Sie mit Lebensenergie bereichern.

Passen Sie auf, dass Sie sich deshalb nicht zu stark zurückziehen.

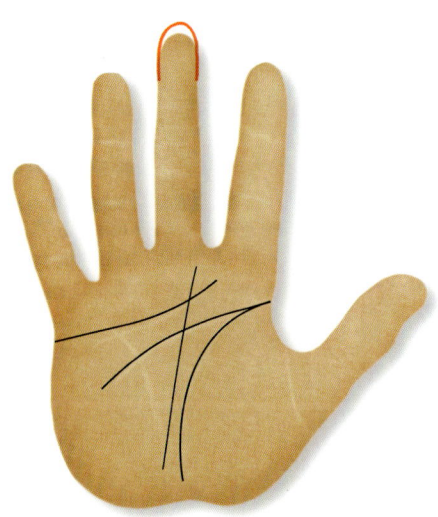

175

Mittelfinger

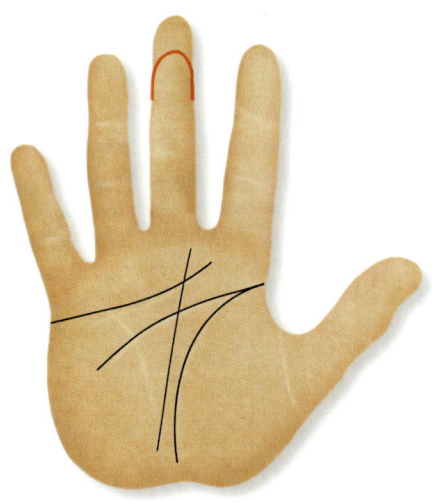

Sie handeln schnell, ohne groß zu überlegen, ob diese Handlung mit einem Risiko verbunden ist. Pflicht, Ernst und Moral sind für Sie eher ein Fremdwort. Haben Sie etwas vor, handeln Sie, ohne lange abzuwägen. Entsprechend ungern tragen Sie Verantwortung. Stattdessen suchen Sie lieber das Weite. Vergeuden gerne Ihre Zeit.

Mittelfinger

Konisch, spitz

Verantwortung tragen Sie nicht gerne. Sie sind für künstlerische Berufe oder Tätigkeiten geeignet.

Finden Sie ein gesundes Verhältnis der Verantwortung sich selbst, anderen Menschen und anderen Lebensumständen gegenüber.

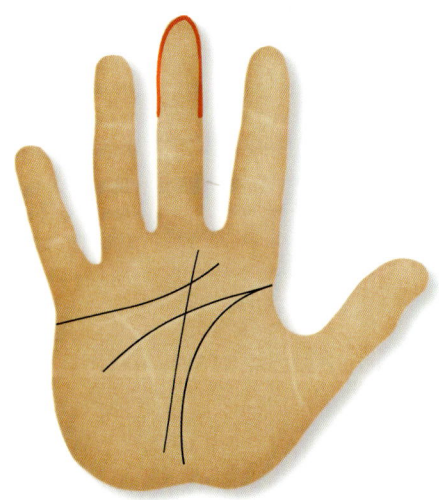

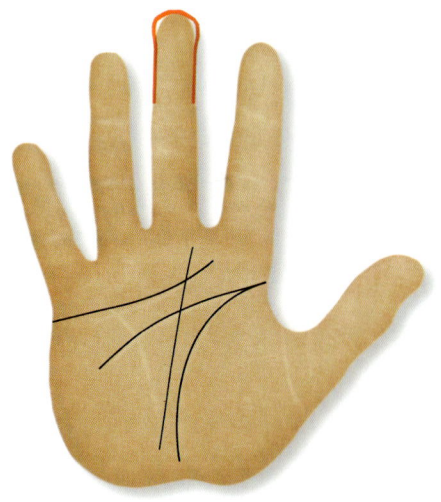

(Fingerkuppe seitlich breiter, ähnlich einer Spatenform).
Sie sind melancholisch, tiefsinnig und sind sich der existenziellen Probleme des Lebens bewußt. Sie lieben Dramatik.

Mittelfinger

Eckig

Sie nehmen Ihre Aufgaben im Leben ernst und sind zuverlässig.

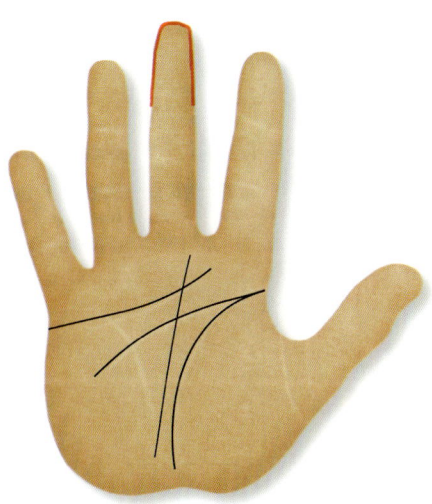

Ringfinger

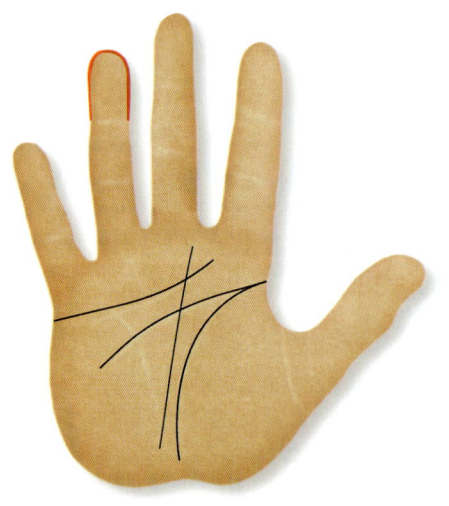

Dem Ringfinger werden Kunst, Ästhetik, Ideale und Lebensfreude zugeordnet. Bei normaler Länge ist Ihre Kreativität ausgewogen. Sie haben Geschmack und wissen sich und Ihre Umgebung harmonisch zu gestalten. Auch in partnerschaftlicher Beziehung ist Ihnen Harmonie wichtig, und Sie schaffen es, harmonische Beziehungen einzugehen. Sie sind im Einklang mit sich selbst.

Das Wort Risiko oder Sorge kennen Sie nicht. Sie haben eine reiche Phantasie, die Ihnen manchmal den Blick auf die Realität verstellt. Sie brauchen die Selbstdarstellung, wollen auffallen und brauchen Zuspruch anderer. Versuchen Sie diesen Wunsch nach Selbstdarstellung im künstlerischen Bereich zu leben.

Ihre Lebensweise ist eher unausgewogen, da es Ihnen schwerfällt, sich zu disziplinieren.

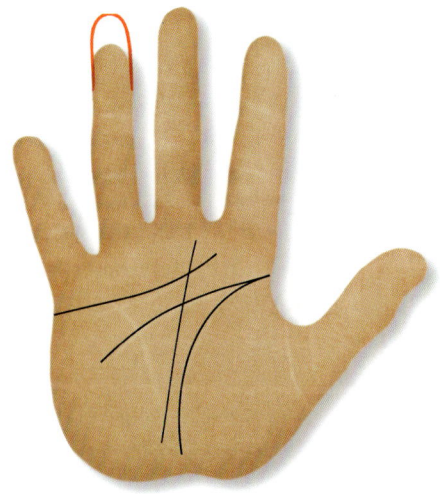

Ringfinger

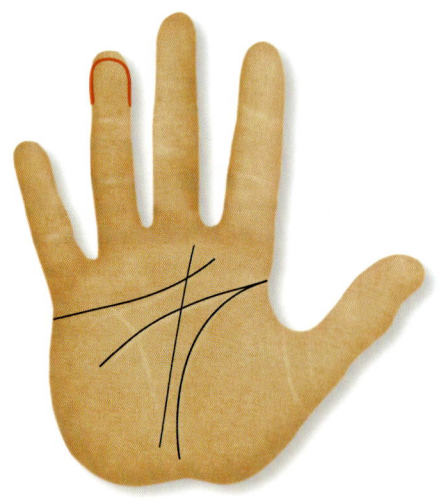

Sie kämpfen viel um Anerkennung und Achtung, wohl aus der inneren Gewißheit heraus, daß Ihnen dazu die Voraussetzungen fehlen, die Sie aber mit allen Mitteln ausgleichen wollen. Dies hat auch Auswirkungen auf Ihre partnerschaftlichen Beziehungen. Sie fühlen sich in den Schatten gestellt. Bleiben Sie Sie selbst, urteilen Sie nicht, und Ihre Energien bleiben im Fluß.

Ringfinger

Konisch/spitz

Sie besitzen Kunstgefühl. Sie bewerten Kunst weniger nach Größe, Machart oder Farben sondern danach, was Sie bei einem Kunstwerk empfinden.

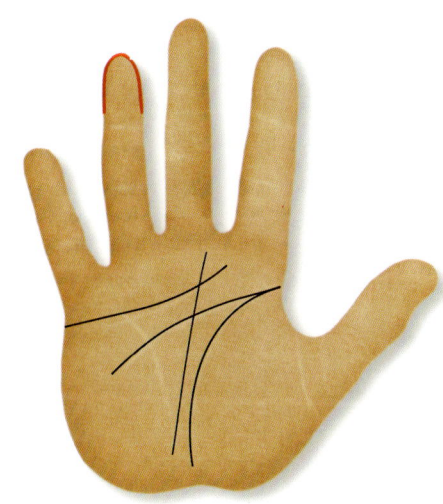

Ringfinger

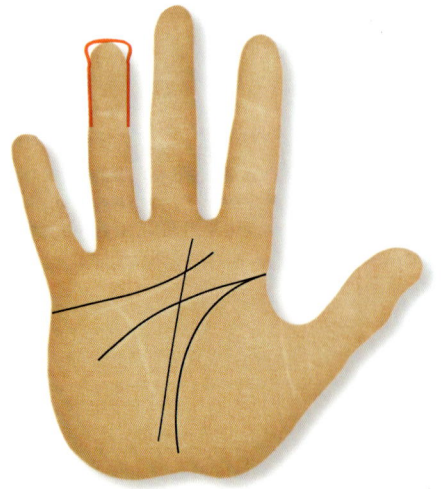

Sie prahlen gerne und schmücken sich mit fremden Federn.

Tip:

Versöhnen Sie die inneren Widersprüche in sich, so daß Sie sagen können, was Sie meinen. Jetzt kann Ihre Energie fließen und Sie können wachsen.

Sie praktizieren Kunst als Hobby oder üben
sie sogar beruflich aus.

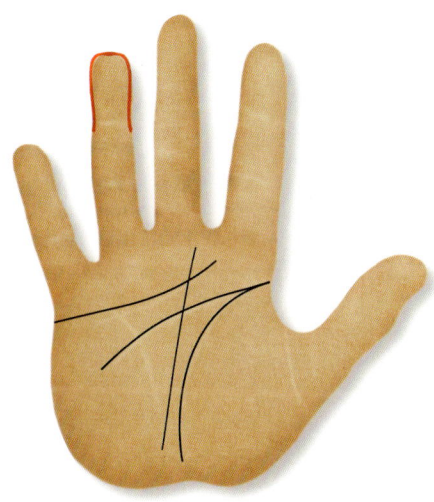

Kleiner Finger

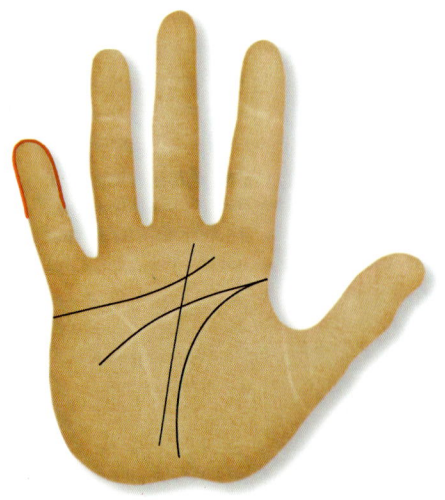

Dem kleinen Finger werden der Bereich der Kommunikation, Intelligenz und wirtschaftliches Leben zugeordnet.

Sie verfügen über einen gesunden Menschenverstand und eine gute Intelligenz. Der Umgang mit Sprache in Wort und Schrift und mit Kommunikation überhaupt bereitet Ihnen keine Probleme.

Geeignete Berufe sind Journalist, Werbetexter, Arzt, Händler, Bankier.

Kleiner Finger Lang

Sprache und Rede sind bei Ihnen ausgeprägt. Sie verstehen es, zu überzeugen – auch wenn Sie dafür manchmal Unwahrheiten hinzumogeln müssen. Themen der Philosophie und der Geisteswissenschaften interessieren Sie besonders. Sie wollen mitreden und sind überall dabei.

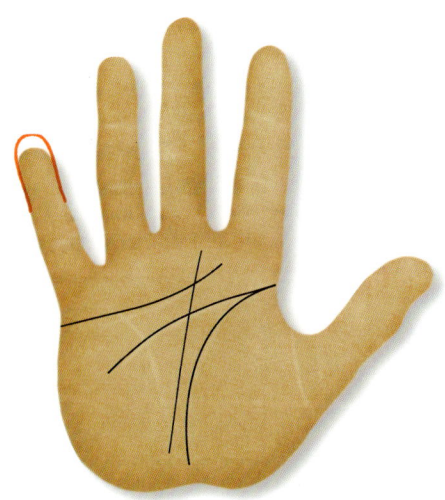

Kleiner Finger

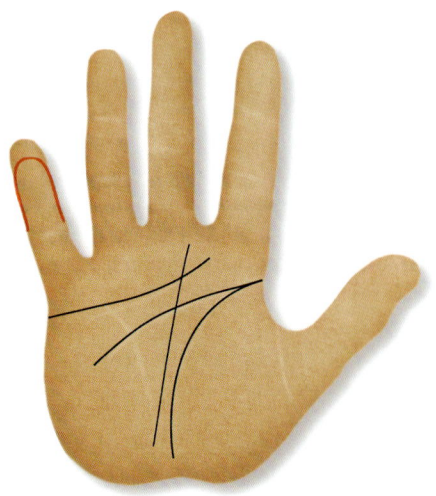

Sie gehören nicht unbedingt zu den kommunikationsfreudigsten Menschen. Sie entscheiden eher nach dem Instinkt. Das kann teilweise negative Auswirkungen auf Ihre Mitmenschen haben, da man bei Ihren Handlungen nach der Logik sucht.

Sie drücken sich lieber über Darstellungen als über Worte aus.

Kleiner Finger

Konisch/spitz

Sie sind diplomatisch und befassen sich gerne mit schöngeistigen Dingen.

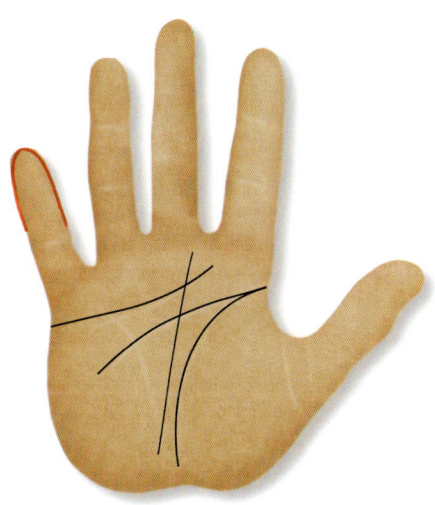

Kleiner Finger

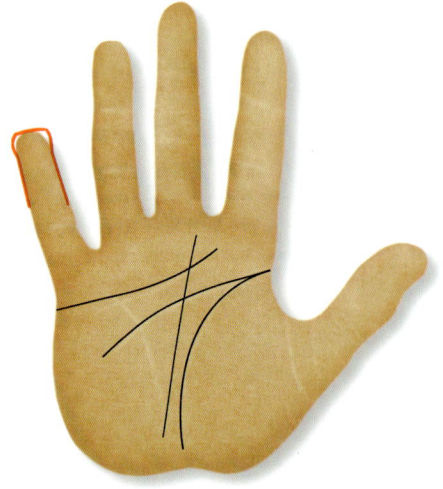

Sie handeln gerne und lieben die Technik.

Kleiner Finger

Eckig

Sie arbeiten gerne wissenschaftlich und lieben die Ordnung.

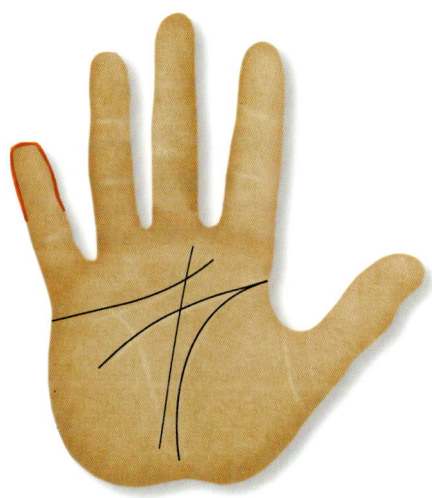

Literaturverzeichnis

F. Engelhardt: Das Wissen von der Hand, Hugendubel München 1987

E. Issberner-Haldane: Die wissenschaftliche Handlesekunst, Bauer 1982

G. Hürlimann: Handlesen ist erlernbar, Novalis 1983

U. v. Mangoldt: Erkenne dich selbst im Bild deiner Hand, Knaur 1991

L. Reid: Die Hand – Ein Spiegel der Gesundheit, Goldmann 1997

L. Reid: Handlesen, Urania 1997

Über die Autorin

Carmen Schüle, 1957 geboren, arbeitete vor der Geburt ihrer beiden Töchter als Betriebswirtin im Ausbildungsbereich mit Menschen, die arbeitslos wurden und in einer Lebenskrise steckten. Dort sammelte sie erste Erfahrungen damit, Menschen zu helfen, ihren eigenen Weg zu finden. Gleichzeitig begegnete sie in dieser Zeit der Handlesekunst und merkte bald, welch wertvolles Werkzeug sie in der Hand hatte. Heute ist sie hauptberuflich Chirologin (Handleserin) und Beraterin in Lebensfragen.

Schamanisches Wissen ergründen

Lynn V. Andrews

Das Power-Set

Die Weisheit der Frauen

Diese 45 wunderschön illustrierten Karten und das Buch mit Affirmationen und Meditationen zeigen Ihnen, wie Sie die Weisheit des Universums nutzen können, die von den Schwestern der Schilde offenbart wurde. Auf jeder Karte finden Sie ein Bild, das Mutter Erde und Vater Himmel symbolisiert, und einen Krafttext, der Ihre Macht vergrößert. Um die Erde zu heilen, müssen wir uns zuerst selbst heilen. »Das Power-Set hilft uns, die Urquelle unserer Schmerzen und Schwächen zu finden, sodass wir sie überwinden können. Jede Karte fördert Schönheit, Gesundheit, Kraft und Weisheit«, schreibt die Autorin.

112 Seiten (bros.) mit 45 farbigen Karten in Box
€ [D] 24,90 / sFr 42,00
ISBN 3-89845-005-8

Der gesammelte Wissensschatz aus Ost und West

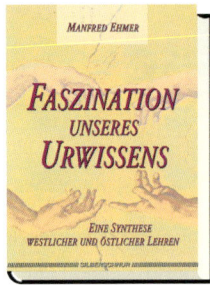

Manfred Ehmer

Faszination unseres Urwissens

Eine Synthese westlicher und östlicher Lehren

Philosophia perennis – Ewige Philosophie – nannte der deutsche Philosoph Leibniz (1646–1716) jene verborgene Quellreligion des Geistes, die allen spirituellen Traditionen in West und Ost zugrunde liegt. Ihre Urgründe sind die Ewigkeit und All-Einheit des Seins, die zyklische Struktur allen Zeitgeschehens und das Prinzip der evolutionären Höherentwicklung. Zentrale Daseinsfragen wie die nach dem Zusammenhang von Natur und Geist, dem Woher und Wohin des Menschen, sowie nach den kosmischen, planetarischen und menschlichen Zyklen der Evolution werden hier behandelt. Dabei wird aus einem spirituellen Urwissen geschöpft, das die drei Erkenntniswege Religion, Philosophie und Wissenschaft zur Synthese verbindet: Ein Grundlagenwerk der spirituellen Philosophie.

288 Seiten, gebunden
€ [D] 17,90 / sFr 30,50
ISBN 3-931652-98-X

Ingrid Auer

Heilende Engelsymbole

49 Schlüssel zur Engelwelt

Einfühlsam und leicht verständlich ermöglichen die Engelkarten und das sehr ansprechend gestaltete Begleitbuch einen natürlichen, unbefangenen Zugang zur Engelwelt.

Alle, die Rat und Trost brauchen oder körperliche Beschwerden haben, können sich mit diesem Set die bezaubernde Engelwelt erschließen und deren Unterstützung nutzen. Die im Handbuch näher vorgestellten Engelsymbole verhelfen dazu, Blocka-den im seelischen und körperlichen Bereich zu lösen und die Chakren sowie Wasser, Nahrungsmittel und vieles mehr zu energetisieren.

Auch die verschiedenen Legesysteme bergen eine Fülle von Anwendungsmöglichkeiten. So lassen sich mit Hilfe der kraftvollen Symbolkarten Fragen zu Themen wie Selbsterkenntnis, Lebensweg, Lernaufgabe, Vergangenheit – Gegenwart – Zukunft etc. beantworten. Sie dienen darüber hinaus als Tageskarten, als helfender Schutzkreis sowie zur Fernheilung und Meditation.

156 Seiten gebunden
plus 49 vierfarbige Symbolkarten in Box
€ [D] 29,00 / sFr 48,70
ISBN 3-89845-007-4

Inspirierende Ein- und Auswirkungen	Unbewusstes will bewusst werden	In ein aktuelles Thema hineinsehen

Dick Nijssen

Erkenntnis-Karten

Der Reiki-Meister hat sie in zahlreichen Seminaren bereits erfolgreich angewandt. Das Spiel geht vom Gesetz der Synchronizität aus, nach dem es keinen Zufall gibt: Die gewählte Karte spiegelt die individuelle Phase im Prozess der Bewusstwerdung.

78 Karten in Karton
€ [D] 10,90 / sFr 20,00
ISBN 3-931652-39-4

Dick Nijssen

Psychologische Erkenntnis-Karten

Der Effekt, den die Karten auf Dich haben können, beruht auf dem Gesetz des synchronen Auftauchens der richtigen Karte, die Dich auffordert, mit verleugneten oder ungelebten Teilen Deiner selbst Kontakt aufzunehmen.

78 Karten in Karton
€ [D] 10,90 / sFr 20,00
ISBN 3-931652-58-0

Dick Nijssen

Spirituelle Erkenntnis-Karten

Als Unterstützung und Bezugspunkt auf Deiner spirituellen Reise sind diese Karten sehr dienlich. Du kannst z.B. morgens eine ziehen und die Erkenntnis, die Dir gegeben wird, mit in die Aktivitäten des Tages hineinnehmen.

78 Karten in Karton
€ [D] 10,90 / sFr 20,00
ISBN 3-931652-69-6